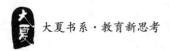

大夏书系·教育新思考

特立独行做教师
Teli Duxing Zuo Jiaoshi

梅洪建 著

华东师范大学出版社
全国百佳图书出版单位

图书在版编目（CIP）数据

特立独行做教师／梅洪建著．—上海：华东师范大学出版社，2016
 ISBN 978-7-5675-5475-7

Ⅰ.①特… Ⅱ.①梅… Ⅲ.①教师—工作 Ⅳ.① G451

中国版本图书馆 CIP 数据核字（2016）第 157796 号

大夏书系·教育新思考

特立独行做教师

著　　者	梅洪建
策划编辑	李永梅
审读编辑	齐凤楠
封面设计	淡晓库

出版发行	华东师范大学出版社
社　　址	上海市中山北路 3663 号　邮编　200062
网　　址	www.ecnupress.com.cn
电　　话	021-60821666　行政传真　021-62572105
客服电话	021-62865537
邮购电话	021-62869887　地址　上海市中山北路 3663 号华东师范大学校内先锋路口
网　　店	http://hdsdcbs.tmall.com
印 刷 者	北京密兴印刷有限公司
开　　本	640×960　16 开
插　　页	1
印　　张	16
字　　数	181 千字
版　　次	2016 年 9 月第一版
印　　次	2022 年 7 月第五次
印　　数	16 101-19 100
书　　号	ISBN 978-7-5675-5475-7/G·9671
定　　价	35.00 元

出 版 人	王　焰

（如发现本版图书有印订质量问题，请寄回本社市场部调换或电话 021-62865537 联系）

目 录
CONTENTS

序　梅洪建：特立独行，创造"奇迹"　　　　1

自　序　带上自己做教师　　　　13

第一辑　教育 0 之殇　　　　1

"学生虐我千百遍，我对学生如初恋"，说的不是教师有多么伟大，恰恰是一种悲哀。为什么如初恋般的爱恋，换来的却是学生虐你千百遍？您是知道的，很多时候您的教育效果仅仅为 0。0，不是您的期待，却是您教育的现实。0 之殇，因何在？

01　为谁辛苦为谁忙　　　　3
02　教育，没那么多区别　　　　8
03　教师最基本的素质　　　　13
04　闲谈班本课程　　　　17
05　基础不是你的托辞　　　　22
06　无法承受你的优秀之重　　　　25
07　反教育的"精细化管理"　　　　28
08　有娘的孩子不缺爱　　　　34

09	做学生思想工作的错误范式	38
10	余地让将来没有余地	44
11	教育的孩子立场	47
12	走开吧，表扬！	53
13	是谁引来了狼	56

第二辑 从 0 到 1 的辩证　　59

如何从教育的无效中突围，逐渐构建起切实有效的教育大厦？这是很多教师的困惑。看似平常的教育行为中隐藏着复杂的教育密码。如何拨开云雾见教育？这里，有你寻求的答案。

01	凡事都需要有前提	61
02	什么是真正的教育管理	66
03	对自主化管理的辩证思考	75
04	理想师生关系的本质是生生关系	79
05	学生议事的失误与突围	86
06	对学生评语的价值辩证	92

07	用整体评价促进整体发展	98
08	励志教育的节奏与策略	103
09	教师的第三选择	109
10	点燃教师职业幸福的密码	114
11	做一只贴着地面的鸡	120
12	翻转，畅通家校关系	123
13	心灵，是可以写诗的	129
14	创意班会课的几点原则	134
15	"破窗"的误区及妙用	139

第三辑　带上自己做教师　　145

韩寒说："我们听过无数的道理，却仍旧过不好这一生。"教育也一样，我们听过很多教育的大道理，但教育却依然不堪。原因何在？你的头脑成了别人思想的跑马场，没有从自己出发，没有从自己的生活出发。带上自己做教师，你将成长为独特的自己，发现教育的真谛，找到从现实中突围的路径。

01	用敬畏的态度做教师	147

02	教师突围,需要勇气	**163**
03	江郎才尽又如何	**170**
04	教师读书的三重境界	**174**
05	教师专业阅读的三重境界	**177**
06	共同体中的自我坚守	**180**
07	做自己的证明题	**186**
08	打破自己身上的壳	**202**
09	如何成为有影响力的班主任	**209**
10	万一梦想实现了呢	**213**

附 录		**219**
后 记	内向者的言说	**231**

序　梅洪建：特立独行，创造"奇迹"

实话实说，即使梅洪建已经誉满全国好几年，我对他的了解还仅限于他的名字。2014年初，他的成名作——《做一个不再瞎忙的班主任》走进了我的视线，这个书名让我眼前一亮，心头一热，于是，我牢牢记住了梅洪建这个名字。

近日因要写这篇文章，我上网搜索"梅洪建"，竟然获得几万条信息；这本书到2015年4月已经是第五次印刷了。……

于是，我自然而然陷入思索——梅洪建，一位年轻的语文教师、班主任，为什么这么红火，誉满全国？他有怎样的"特立独行"的行为？他凭什么可以"特立独行"？他"特立独行"的背后又有什么故事？

带着一系列疑问，我仔细认真地阅读有关他的书籍、资料，我第一次比较深入地走进了梅洪建——这位被全国著名班主任、班主任工作研究专家万玮誉为"创造'奇迹'的人""全国新生代班主任中的佼佼者"的精神世界。

梅洪建的奇迹

1. 教龄不长，成绩却斐然。

"一个基本上由各班学困生重新组合而成的高二班级，一年后居然在全校升旗仪式上发出'100%进本科'的宣言。神奇的是，一年之后，这个宣言竟然成为现实！"万玮的这句话勾勒出梅洪建的"奇迹"。

如果仅读这几行文字，或许您会不屑一顾，因为"考试匠人"多得是。可是，当我看到《新校长》杂志执行主编叶凌宇先生对梅老师的"深度解密"的文章《差班是如何整体变优？》时，我才深刻地相信了"奇迹"。因为这篇文章解密的不是万玮老师笔下的那个班级，而是另一个班级。偶尔带出一个班级，叫奇迹，而能够带出不止一个班级，恐怕就不是"奇迹"俩字所能概括的。在叶主编的文字中，我看到了梅洪建对教育细节的关注、深厚的教育学与心理学功底，更可佩的是，他对教育规律的掌握和对教育逻辑的精准把握。

于是，我深信了下述文字的介绍：全国新生代优秀班主任，"培育—发展"班级理念的首倡和实践者，《河南教育》《福建教育》等专栏作者，《班主任》《教师月刊》等封面人物，《新班主任》编委，先后被二十几家媒体推介，发表文章200余篇，在全国各地开了近200场讲座。

仅2016年他在《新校长》发表的《我如何开悟和践行班主任的最高使命》，在《人民教育》发表的《理想的师生关系只产生于理想的教育生态》引起的极大反响，以及在《河南教育》上的专栏文章前五期有四期被封面推荐的现实，就证明了他的确是个有着自己学术追求又具有独立思考精神的年轻人。

不单德育，他的斐然成绩还表现在语文教学上。他是全国优秀语文教师，搜狐网称之为"高考作文猜题第一人"，全国文学征文大赛一等奖获得者，"三维语文"课堂的首倡和实践者，全国文学征文大赛一等奖获得者。2015年7月出版的《非常语文非常课》是他近年间对语文教学的探讨。他主张从文字入手，感受语言的魅力；从文本艺术入手，提升学生的写作能力；从"由本到意"的过程入手，培养学生的思维品质，为孩子们的终身发展服务。

难能可贵，无论在班主任工作上，还是在所任学科教学上，梅洪建都是一把好手，都是卓有成绩的名家。

2. 出书不多，影响却巨大。

就我关注的班主任工作而言，梅洪建出版的专著仅仅是《做一个不再瞎忙的班主任》这一本。但是，这本书的影响却是巨大的。"不再瞎忙"已经成为一面猎猎飘扬的旗帜，一声振聋发聩的呐喊。

《做一个不再瞎忙的班主任》一书有上千介绍、推荐、读后感信息，在当当网上有近1300条评论。许多读者写了读后感，河南扶沟呼宝珍执笔写出自己的感受："忙碌，是目前很多一线班主任的工作常态。常态之常指的是经常，而非正常。倘若班主任为常态的忙碌所禁锢，把经常误认为正常，心就会在忙碌中沉沦和迷失。读很多教育类书籍的过程中，并不真正明白教育文字的魅力究竟有多大，直至今天，我相遇了梅洪建老师的《做一个不再瞎忙的班主任》，读他的文字，我才真正地感受到什么是文字的魅力。原来真有这样一种无声的教育文字，在灵动、飞扬中还可以直抵人的灵魂深处。第一次读梅老师的书，我在撼动中就做了他文字的俘虏。以至于读他书的第一个夜晚，至凌晨三点还不舍得放下，这让做医生的老公很是质疑：究竟是一本什么样的教育之书会这样吸引家中的数学老师？三天，手不释书，不好好做家务，把瞌睡也给读没了！"

的确，他的这本书发前人所未发，为新时期的德育工作带来了一缕清新气息。在书中梅洪建提出了一个我们司空见惯并习以为常的问题：忙，忙什么？为什么忙？现实中，我们多少教师以忙为乐，以忙为习惯，以忙为快乐，以忙为常态，以忙为炫耀，在《做一个不再瞎忙的班主任》的自序里，他开门见山提出一个问题："忙，是班主任的共同感受。更可悲的是，忙碌之后，教育效果却往往甚微。于是，班主任总是恨铁不成钢，总是感觉忙得好苍凉。只是，我们很少思考：班主任忙得都有价值吗？我们是不是在瞎忙？哲人说，在错误的道路上，你越勤奋就越愚蠢。班主任是不是也该思考一下自己的工作路径是否正确，是不是有一种途径可以不让自己瞎忙？"

"一个班主任，既要有宗教般的教育情怀，又要有科学的教育精神。……可是，我们在教育的宗教情怀道路上走了很远，但在科学精神却少有建树。"这句话真是振聋发聩。

在《做一个不再瞎忙的班主任》中，他旗帜鲜明地表达了这样的观点——"我们其实做不了人类灵魂的工程师""在基础教育中，班主任的作用没那么大""改变一个孩子没那么容易""学生应该是班主任的主人""'动起来'让班级不生事端""让孩子时时刻刻动起来""让孩子快快乐乐动起来""为孩子的成长借取多方资源""为孩子的成长提供不竭的动力""培养具有可持续发展能力的学生"……这些观点值得我们深思。

对班主任专业化，他是这样阐述的："一个职业化的班主任，就是明白自己价值微小和学生自身成长重要的班主任，是一个可以退而为俗人体验丰富生活进而更好地服务学生成长的班主任，是一个放低自己而不去盲目'引领'的班主任。""班主任不能站在前面引领，只能俯下身子为孩子的成长创造舞台,提供力量。"

更可贵的是,他以"平台搭建""动力给予""教育借力"和"小本交流"四个支架对应"班主任的工作本位""学生发展的需要""班级工作的空间拓展"和"沟通最理想的方式",构成了他自己独立的带班理念体系,也就是他的"培育—发展"带班理念。

新鲜而独特的教育视角、完整理念体系的提出,应该是他的书不多,却能影响极大的原因。

"瞎忙"成为了对班主任工作反思的重要词语,"不瞎忙"成了班主任们孜孜以求的目标,梅老师的《做一个不再瞎忙的班主任》功劳不小。

梅洪建何以特立独行?

写这篇文章的今天,梅老师给我发来了他写的一段话。他说:"一个教师要有自己的独立判断,把自己作为成长的独立体,而不是别人经验的附属物。教育走到今天,并不是'我们不缺理念,缺的是实践',相反,我认为今天教育的困境恰恰是源于理念没有真正突破。最大障碍在于少有人具有独立之精神,虽然独立精神整天挂在嘴边,事实还是有意无意地被'权威''前辈''习惯'等笼罩着。所以,我们往往走在意识里正确却在实践中鲜有建树的路上。教育,需要独立思想。而独立思想的建立需要立足自我实践、自我思考,需要带上自己做教师。这样才可能切近教育的真谛,更好地服务于孩子的生长。"

我赞同他的判断。或许就是由于他有这种判断,才有了独立的思考吧。梅洪建说过这样一句话:"不要盲从任何人,要从自己的判断出发思考、实践,做一个独立思考的人,做一个做证明题的人。"梅洪建之所以成为全国知名班主任,之所以能够特立独行,其原因就蕴含在这句话中。

但他不是盲目地去证明，而是贴近自身的经验去思考，然后探求。他会在自己的工作中去实践，去继续完善。这也是他能够构建自己独立的理论体系的重要途径。

面对时下"管理班级"的困境和他工作中的实践，他发现这样几种现象：管理严格，往往不会带出最优秀的学生；管理有时会带来更多的教育被动；无论你怎么管理都不可能解决教育教学中出现的所有问题。

后来遇到不好的班级，带来师生矛盾激化的经历，让他开始思考教育不是管理。经过多方探求，他第一次提出了一个属于梅洪建的概念——班主任的工作本位——为孩子的成长搭建动起来的平台。让每个孩子都在属于自己的成长舞台上时时刻刻快快乐乐有事可做，在这样的教育生态中，他扔掉了管理，把自由和成长还给了学生。学生也因此获得了自信，锻炼了能力，取得了高考成功的优异成绩，更重要的是，孩子们因为"有事可做"根本没有时间"惹是生非"。不管理，效果恰恰更好，"教育，不是管理，而是给学生事情做"。第一次，他完成了对命题的证明。

后来他又继续证明着：教育不是"疾病治疗"而是"不让生病"，不是面的铺开而是点的深入。

或许你不赞同他的观点，可我知道他在实践中取得了了不起的成绩，不少堪称"奇迹"。他的成绩证明了这些思考有实际的意义。

更让人惊喜的是，目前他正做着这样一个证明题——教育突围，起点不在课改。这是一个大胆也可能更具有突破意义的思考。他认为班级生态变革才是教育突围的前提，只有把班改和课改的壁垒打通，教育才能真正从困境中突围。诚然，这是一个仍需要证明他也在努力证明着的命题。无论正确与否，我愿意为他鼓掌。

他的证明题最大的特征就是贴近地面。他可以在被很多人视为常识的现象背后发现教育的密码。例如他独创了励志教育的节奏，发现了班本课程的秘密，揭示了整体评价的价值。

我们可以发现，梅洪建的特立独行不是标新立异，而是主动思考后小心求证，是贴近地面的发现、探究和完善，也是指向未来的教育理想。

梅洪建特立独行的背后

看到过他在河北衡水中学的一个讲座，主题很特别，叫"潜心教书，用心育己"。讲座中，他讲述了自己的人生经历——

起初不愿意教书，远走他乡后被骗搞传销，受尽了苦难。后来虽然教书了还是挣扎着做过生意，两次赔了25万，倾家荡产。直到2007年他才真正懂得"人这一辈子能做好的事情，可能只有一件"。当发现了自己不能做其他工作而只能教书的时候，他决定好好教书了。

很多人说，当你一门心思撞向南墙的时候，南墙就消失了。梅洪建就安静地选择了做教师，去撞教育这堵南墙。尽管他年纪轻轻就做过副校长的位置，但他还是毅然决然地选择了做回一个普通班主任，认认真真地做自己的学术思考与论证。

很多年轻朋友总是抱怨，其实就是心神没有安定的表现。教育和其他行业一样，心在哪里，世界就在哪里，未来就在哪里。梅洪建的经历是可以给年轻人很多启示的。

第二件触动梅老师的事情是她女儿的事情。请允许我引用梅老师《用敬畏的态度做教师》的原文——

"很遗憾，胎儿身上有现在很少见的弓形虫，出生后不是有智力缺陷就是有身体缺陷。"医生用充满歉意的手势和语气告诉我们夫妻俩。

那是2004年12月在江苏无锡的一个传染病研究所里发生的事情。

无数个日子，我的头贴近妻子凸起的腹部幸福地喊着的宝贝难道会有某种缺陷吗？我和妻木木地走出研究所的大门。就是在即将跨出门口的刹那，妻子的眼睛里放射出一种狠狠的坚毅："老公，无论孩子有没有缺陷，我都要把她生下来，因为她是一条生命，她是我们的孩子。"没有言语，我只有紧紧地握住妻子的手。"如果她有缺陷，我们就十倍百倍地去爱她，因为她是个可怜的孩子；如果她没有缺陷，我们就千倍万倍地去爱她，因为她是上帝对我们最大的恩赐。"

2005年5月，女儿的健康到来让我的世界阳光一片，但也让我深深地明白：一个孩子能够出生是一种奇迹，能够健健康康地出生更是一种奇迹，而能够在生命的旅途中与我相遇甚至相伴几年则是更大的奇迹。所以，我珍视每一个和我相遇的孩子，我懂得了敬畏每一个孩子的生命。

因为敬畏，所以懂得；因为懂得，所以慈悲。梅老师之所以能够处处站在学生的立场上思考问题、思考教育，是因为他有浓浓的生命意识，他有浓浓的责任意识。

郑州14中的一位老师听了梅洪建的讲座后写道："很多人说梅老师是教育的另类，甚至是教育的叛徒，听了他的讲座，我有种想哭的冲动,他哪里是另类,哪里是叛徒?我想说,他是教育最虔诚的信徒。"

没有无缘无故的爱与恨,也没有无缘无故的优秀成长。对事业的虔诚,对生命的虔敬,就是对教育的忠诚。

特立独行的梅洪建,似乎有着成为"奇迹"创造者的必然特质。

不是闲话的结尾

前几年,我曾经做了这样一件事,把我所阅读的教育报刊中的教育精妙小语摘录下来,分门别类整理成书,我认为这些精妙教育小语是优秀教师深思熟虑的真知灼见,是对切身体验的至深感悟,是殚精竭虑的思想火花。每则教育小语都富有哲理,耐人寻味,发人深省,给人以启迪,甚至会有经一则教育小语启迪而顿开茅塞的乐事,也会有因阅读一则教育小语而衍生出鸿篇巨制的奇迹。每则教育小语都值得细细品味和反复琢磨,教育小语构筑的这部书简直就是教育的宝典。我要求徒弟们:聆听精粹小语,体味教育情结,反思教育行为,激发教育灵感,引发崭新思维,生发教育智慧,提升教育质量,提高写作水平。

而梅洪建老师无论是在专著中、教育论文中,还是在讲座中,这样的精妙教育小语比比皆是。有位年轻的班主任把《做一个不再瞎忙的班主任》中的精妙教育小语摘录了很多。他也曾经把自己日常写下的 400 多条教育妙语发给我,洋洋洒洒数万言。

请允许我在这里引用梅洪建让人耳目一新的精妙小语——

1. 很多人在仰视你的时候,那个平视你的人是你最应该感恩的；很多人平视你的时候，那个低看你的人或许是你的导师；很多人低看你的时候，那个仰视你的人，是你最大恩人。

2. 人家都说你不能这样干，这样干危险，你应该那样干。你要是听"人家"的你就错了，因为都那样想的结果是，该干的没人去干，不该干的扎堆去干。人要想成功，就必须有自己的思考和主见，"前辈"有时不是传递智慧，而是纯粹在平庸的基础上继续扯淡。

3. 孩子本来就不听话，你偏要强调你的班规，不是适得其反吗？本来就不爱学习，你非要逼迫他学习，不是没事找事吗？本来思想就有问题，你非要他做高尚的事情，不是南辕北辙吗？

4. 教育简单粗糙的方法是管理，最愚昧可笑的方法是教导；教育最蹩脚的手段是制度，最高明的方式是放手。

5. 班主任工作不是为了证明你的工作多么艺术，你的爱有多么深，而是为学生的可持续发展服务的。因此，我以为做最好的班主任，其实就是做让学生意识不到你的存在的班主任，做让学生有事情可做而班级无事可发的班主任。

6. 在正确的路上走得勇敢叫执著，在错误的道路上走得勇敢叫愚蠢。在教育当中，我该做什么，比我能做什么重要得多。

7. 每个人都不是完美的存在，自然每个人都有自己的缺陷。一个教师，尤其是班主任如果不能正视自己的缺陷，却用自己的形象或者自己的理想中的形象来塑造学生的话，你塑造出来的学生，或许不是教育所追求的相对完美、全面发展的学生。你的不足就会投射到你尽心培养的学生身上。

8. 一个持续学习、思考和实践的老师，能够做出不平凡的成绩；而那些满足于当下，"当一天和尚撞一天钟"的老师只能是每天应付着工作，是不可能出成绩的。

9. 如果孩子是一粒种子，班主任要做的，就是做一片适合孩子们成长的土地，进而给孩子们成长的动力。班主任无法引领孩子成长的方向，但孩子作为一粒种子，向上长是不会错的，所以，给予成长的动力就是班主任服务的方向。

……

做一个有心人，每个人都会了不得。

创造奇迹或许不是梅洪建的价值，他更重要的价值在于他成长过程的意义。时代需要新思想，时代需要这样的班主任，青少年欢迎这样的班主任。我希望有更多的年轻人能具有独立的思考，做有情怀有作为的班主任。

张万祥

自序　带上自己做教师

"带上自己做教师",是一个让人有些疑惑的标题。

其实,我想表达的是,一个教师要有自己的独立判断,把自己作为成长的独立体,而不是别人经验的附属物。教育走到今天,并不是"我们不缺理念,缺的是实践",相反,我认为今天教育面临的困境恰恰是源于理念没有真正突破。

经验给了我们不少判断,而判断却往往会把我们带入困境。

于是本书第一辑,我命之为"教育0之殇"。这不是骇人听闻的噱头,而是梳理与思考十七年教育生涯的结果。当我们苦口婆心地教导孩子各种人生道理和做事准则的时候,总是无奈地发现——没有用!我们分明可以听到很多孩子口里说"步步高点读机,哪里不会点哪里,so easy!"为什么我们的苦口婆心不如一款广告?天天教导孩子们要好好学习,可孩子不学习却成了教师最大的苦恼。如此看来,我们的教育效果不是接近于0吗?难怪荣格去世前感叹说:"你连改变别人的念头都不要有。"

可教育,需要发展人啊!所以,教育,到了需要真正突破的时候了，尤其是在教育思想领域。

但教育，又面临着无数思维困境。

最大的障碍在于少有人具有独立之精神，虽然独立之精神整天被我们挂在嘴边，但还是有意无意地被"权威""前辈""习惯"等笼罩着。所以，我们往往走在意识中正确却在实践上鲜有建树的路上。

教育，需要独立的思想。而独立的思想的建立需要立足自我实践、自我思考，需要带上自己做教师。这样才可能切近教育的真谛，更好地服务于孩子的生长。毕竟，现实需要突破理念。本辑剖析了教育现实中很多值得商榷的做法、思想、理念，这些做法、思想和理念，源自常见的教育行为，或者说通常认为的教育常识，个中隐藏着不少教育悖谬。故此，我试图在剖析教育病相的过程中，在每个读者朋友心灵上根植"做自己"的思想。

第二辑是"从0到1的辩证"。说实话，我不是一个喜欢批判的人，意念中一味批判还不如来一点踏踏实实的实践。倘若第一辑您认为我是在批判的话，这一辑就是我的部分实践和探索。把第一辑效果定义为0，不代表本辑里的实践和探索就是真理。但可以肯定地说，它们至少可以让你从"常识"中窥探谬误，从谬误中看到前行的亮光。因为不敢将之定义为"真理"，所以我把自己的思考定义为"辩证"；因为不敢自以为是，所以我把实践效果定义为1。在这一辑里，您可以对被奉为至宝的"精细化管理"做辩证思考，对理想师生关系的本质做深入探究，更能从简单的学生评语中发现新天地……您或许会懂得如何评价学生，如何点燃自己的职业幸福，如何科学地转化问题生……

这些是我的思考，是辩证分析而不是"正确"告知。倘若蒙您厚爱，并启迪您的实践，哪怕获得的是效果1，也将是我的幸福。当然，撰写这一辑，我的最大目的是想启发朋友们——独立思考，教育可以别有洞天。

教育的天空很广阔、很深邃，我有幸做了天空中最微小的一粒尘埃。所以，不敢因为自己有点微光就自诩为太阳，因为自诩为太阳的尼采疯了，我应该还没有疯。所以，本辑所呈现的仅是我的微光，微小到可以被忽略的光点儿。

但我承认，我得到了很多人的赞同。很多人戏称我是"教育的叛徒"，更有长者，如著名特级教师张万祥老师对我的评价：你是个具有独特思想的行者。但无论多么自大，我都不可能把自己第二辑里的认知当作真理告诉读者朋友，更不可能在一本书里把对教育的所有判断和认知都分享给朋友们。于是，我想给读者朋友的是"渔"，一种可以成为独立自我的"渔"。

很多人问我，为什么你思考的东西跟别人不一样？

答案其实就一句话：有梦想的人不做选择题，只做证明题。

不是说我是个有梦想的人，而是我不想辜负自己，不想辜负孩子，不想辜负我挚爱的教育事业，所以我想做证明题。

如何做自己的证明题，或者说，如何做出自己独立的判断和思考，成长为真正的自己？这是本书第三辑的核心内容。因为没有更宽阔的视野，就把自己如何由一个普通教师成长为一个别人看来别样的人生经历与朋友们分享了。成长过程中，生活经历给了我热爱教育的情怀，独特阅读给了我独立发现的可能，自我判断给了我无数新实践的理论基础并构建起新的判断……带着自己上路，成就了今天的自己。

诚然，本书中所呈现的理念，不一定正确，我的成长更不是范本。借助本书，我想呈现的是一种成长姿态，是一种双手合十期待每一位朋友都能成为最好的自己进而服务于更理想教育的虔诚！

每一个你我，都点亮了自己，那教育的星空将灿烂无比！

带上自己做教师，我站在苏州的星空下，张望着彼时彼地的您灿烂成最美好的自己！

梅洪建

2016 年 5 月于苏州

第一辑

教育 0 之殇

"学生虐我千百遍,我对学生如初恋",说的不是教师有多么伟大,恰恰是一种悲哀。为什么如初恋般的爱恋,换来的却是学生虐你千百遍?您是知道的,很多时候您的教育效果仅仅为 0。0,不是您的期待,却是您教育的现实。0 之殇,因何在?

01 为谁辛苦为谁忙

不少朋友喜欢问我：为什么你带的班级可以在短短两年的时间内创造高考的奇迹？而我们苦口婆心地教育孩子，结果还是等于0，没有效果呢？

为什么教育没有效果？这是一个非常普遍的，却几十年来被我们一直忽视的问题。从小学一年级甚至幼儿园开始，老师就教育孩子们要"好好学习"，但是数年之后，我们看到的依然是大批孩子不好好学习，甚至早早地辍学成了打工仔。如果知道好好学习的话，很多被分数流掉的孩子是完全可以获得参加中考的机会的。从小教导孩子要爱护环境，可是我们看到的却是满大街的丢垃圾者。如果教育真的有效的话，每个受过教育的孩子都应该不乱扔垃圾才对啊，为什么恰恰相反？……

是什么导致了教育的无效？我们到底为谁辛苦为谁忙？

孙绍振老师说，一个人的心理结构，其内在的结构，从表层到深层都具有相当的稳定性，即使外部条件有了某些改变，例如父母的责备，老师的鼓励等等，人的心理在表层也可能做出一些调节，例如痛下决心、用功读书之类，但是其深层是超稳定的，表层的一般调节不会影响到深层的稳定，因而表层的调节，尽管是真诚的，但不用多久，就会被深层结构的反调节消解。

也就是说，孩子的内在心理结构在 6 岁之前基本稳定，而老师对孩子的每一次教育活动都是对孩子稳定的心理结构的一次表层调节而已。又因为内在结构具有稳定性，有很强大的反调节能力，"这一次"做的表层调节随着时间的流逝又会被反调节回来。例如今天的教育主题是"好好学习"，你可能采取了多种方式，使用了多个示例来呈现学习的重要性、好好学习的必要性，孩子们的灵魂也可能被深深地触动。但是，我们知道内在心理结构的稳定性具有很强的反调节能力，过不了多久它就会使这份触动消失殆尽，孩子的心理结构又会回到原点。想想，我们的教育是不是一直在做着这种尽心尽责而效果最终等于 0 的事情呢？

再来探讨一个问题，为什么在教育实践中，我们会给孩子的内在心理反调节的机会呢？

这就涉及教育要培养什么样的人的问题。我百度了一下"学校教育要培养怎样的学生"这一关键句，出来的结果吓人——

> 遵守纪律，关心别人，诚实守信，礼貌待人，与人合作，与人为善，关心他人，坚忍不拔，宽厚仁慈，自信执著，较强的语言表达能力，丰富的想象能力，一定的计算和逻辑推理能力，德、智、体、美、劳全面发展的，具有祖国情怀和国际视野的，从与社会、自然、自我三个关系出发，在家庭、学校、社会和大自然中，体验感知做人做事道理的，具有爱国心、责任感，具有独特个性的，具有一技之长的，具有探索精神和冒险精神的，能够感受学习快乐，爱学乐学的，忠厚孝顺的，能够感受生活美好的……，将创造力和观察力、思维力、想象力和自身能力结合起来的能力，具

有能适应高强度工作和生活节奏，能正确对待成功与失败，不怕挫折，不畏艰难，自我平衡的心理品质，具有说理、宣传、交际、组织和公关等活动能力，有一定的艺术欣赏和艺术表现能力……

我能力有限，只能收集这么多条目。是啊，如果这么多条目中的每个都成为一个班会课主题的话，开一轮班会是需要很长时间的。

如果小学一年级第一次班会课的主题叫"遵守纪律"，第二次主题叫什么我不知道，但我可以肯定的是不再是"遵守纪律"。一轮下来，到下次召开这个主题班会课估计要小学二年级了吧。哪怕是到第二个学期，第一次的教育效果是不是早就被学生丢到了"爪哇国"了呢？可是我们的教师是不是一年级召开了一遍的班会课主题，二年级再轮回或者大体轮回一遍呢？直到高三，这些主题还在轮回。毋庸置疑，如今这种效果被丢到"爪哇国"的游戏还在继续上演。想起了当年高考备考时的一幅漫画，名叫《挖井》。

挖 井

某人挖井，还没挖到水层，就大喊"这里没水，再换个地方挖"，于是就离开了。直到最后他还在抱怨着没水，失望而去。当下的教育实践是不是也如此呢？第一个未完成的井设若是一年级的话，是不是后面几个未完成的井就是逐递的几个年级呢？一年级的那次"遵守纪律"的班会目标还没达成，就开始了下个目标——"好好学习"，这不就是没挖着水就离开再挖另一口井的行为吗？不同的是，挖井人还可以留个坑，而教育连个坑都不留，因为孩子内在稳定心理结构的反调节能力，早将"坑"给填平了。

问题就来了：一是教育目标真的需要这么多吗？二是主题教育的周期应该是多久？

朋友们回头看看上文罗列的那一系列教育目标，真正具有操作性的有多少？就如班会课，比较权威的定义是"班会课是学校教育中的一门课程，是班主任向学生进行思想品德教育的一种有效形式和重要阵地"。简言之，班会课就是对学生进行思想品德教育的阵地。我在很多地方讲课的时候都强调，正是由于总是将班主任的工作简单地定位为德育工作，将班会课定位为对学生进行思想品德教育的阵地，才使得班主任工作陷入了困境。从心理学角度看，孩子们，尤其是处于叛逆期的中学生，最讨厌的就是说教——那些动不动上纲上线的教育。从教育学角度来看，教育的核心不是教，而是育。段惠民老师说："育人就是育心。""育心"就是使得孩子的内心丰盈、宽厚、包容、进取，是对灵魂的内在激活，让孩子激活的灵魂成为自我发展的驱动力。这是一个孩子可持续发展的最基本的前提。可惜，德育者们对此却视而不见，反而用最难以实现的"道德灌输"取代了灵魂激活。

试想，是不是可以不对孩子进行所谓的道德教育，也一样可以使孩子们健康向上呢？如果有，为什么非要让课堂直接指向德育目的而不选择"曲线救国"呢？这样分析下来，教育要培养学生的目标一旦被整合，恐怕就所剩无几了。君不见伊顿公学只有十条经典法则吗？将这些所剩无几的教育主题循环一轮，也用不了那么长时间吧，教育效果也会好许多吧。

教育的周期是多久？行为心理学的研究表明，重复21天以上会形成习惯；重复 90 天会形成稳定的习惯。即同一种心理趋向，重复 21 天会成为习惯的心理趋向，重复 90 天就会形成稳定的心理趋向。这等于告诉我们，教育如果要想取得效果，就必须围绕一个主题，每天重复，连续 21 天以上。如果要彻底达成教育目标，就必须连续 90 天。

如此看来，我们是不是一直在"瞎忙"呢？倘若整合教育目标，进行连续至少 90 天的教育，不就可以不给孩子的心理以反调节"得逞"的机会了吗？教育不就有效了吗？

没有真正科学指导的教育，只能是瞎忙，只能是一地鸡毛。

02 | 教育，没那么多区别

我不知道"拯救男孩"的始作俑者是谁，"拯救"行动甚嚣尘上却是事实。

愚以为，这个"拯救"却是一个十足的伪命题，因为最大的前提就是忽视了"孩子"这一共性，而过于强调孩子的个性。

"拯救"，危言耸听罢了！

我们有没有搞懂：教育，应该培养什么样的孩子？一个孩子具备了怎样的特征才是发展好了的孩子？怎样的孩子才是具备了可持续发展能力的孩子？

如果这些基本问题解决不了，那么我们"拯救"什么呢？哪些是需要被拯救的呢？基本功还没有具备，就开始拯救天下了？如果男孩要拯救，女孩是不是也要拯救呢？

或许是吧，既然女生也需要拯救，男生也需要拯救，总的来说，不还是男生和女生的问题吗？合并同类项，不还是如何教育学生的问题吗？那还扯什么"拯救男孩"啊？中国的教育界够乱的了，还拿出这么个噱头来招摇，何意？何益？

还是回归到本意吧——我们应该培养什么样的孩子？

首先，我们的孩子应该要有基本的生活能力吧。一个连最基本的生活自理能力都没有的人是很悲哀的。尤其是在"六养一"的现实背景下，很多孩子都没有生活的自主能力。更不要说在青春期到来之时，男生和女生面对心理、生理上的问题了，那更是棘手不堪。那么学校里，有生活能力教育和生理教育吗？不止生理教育基本缺失，生活能力教育简直是完全空白。小学生不会系鞋带，中学生不会梳头，大学生不会烧基本的饭菜。我们的教育，口号喊得很响亮，而实际做了什么啊？

一个真实的故事。

朋友的女儿清明节到我家来玩，早晨起床后爱人对她说，"走，下楼和你妈妈（她妈妈住宾馆，她住我家）她们会合"。她说："我不下去。""为什么呢？"妻子问。她说："我等妈妈来给我扎头发。"

说这话的时候，朋友的女儿上初三。

我们要培养孩子，第一个基本的目标就是使其具备基本的生活能力。

其次，孩子应该知道自己做什么吧。可惜，我们的老师总是埋怨学生像晕神一样，不知道自己该做什么。

不错，岂止是学生不知道做什么，老师有时候也不知道。教育家说，人的成长就需要两种东西，一是成长的方向，二是成长的动力。人一旦知道了自己该做什么，那么教育就成功了很多。所以不要埋怨学生不学习，不知道学习，不懂得珍惜学习机会，是教师没有给孩子指明方向。倘若教师能够让孩子明白了该做什么，那么他就能够朝着这个方向前进。

另一个真实的故事。

一个老师让学生看了《钟山说事》里的"高考天问"视频之后，一个学生说："看看，学习还有啥意思呢？"于是班主任就苦口婆心地对他说："傻孩子，就因为不公平，你才要好好学习，将来用你的力量去改变这种不公平，真正地创造一种惠及全体中国人的公平。"老师的话铿锵有力，结果学生回到教室来一句："傻×，你以为我是谁啊！"

把目标放远了，还是没用。定目标，就定一个切实的目标。

我们要培养的孩子，第二个基本的目标就是具有切实的前行目标。

再次孩子应该懂得如何思考。

学生思维品质培养的缺失，是当下教育最大的缺失。有人说"天才出于勤奋"是说给傻子的励志格言。不完全对，但也不能完全否认。这个社会真正成功的人肯定会勤奋，但勤奋的人却不一定成功。他们的区别就在于成功的人是用脑子生活的，是动脑子的。换句话说，就是会思考。爱迪生说："天才那就是1%的灵感加上99%的汗水，但那1%的灵感是最重要的，甚至比那99%的汗水都要重要。"灵感如何来？来自思维品质的提升。

当教育中知识性记忆取代了思维培养的时候，孩子的大脑就成了知识的储蓄袋，装进去的是知识，拿出来的还是知识，而不是智慧。有人在为中国的基础教育高唱赞歌，说我们孩子的基础多牢靠的时候，却忽视了——孩子思维开发最宝贵的时间被我们这一点的"牢靠"给抹杀了。

正如我们总是教给学生某种题目的答题格式是什么，却不懂得引导学生如何去抵达这个答案。正如我们告诉学生从北京南站到上海虹桥火车站可以乘高铁一样，交通方式不错，可就是没有告诉他怎么去买票、过闸机等基本的乘车程序，甚至，万一没赶上怎么办。知道了方式，他还是到不了上海。

2012年高考前，一朋友在我博客留言——

老师好，又到高考时，我是一直关注您空间的江苏粉丝，佩服您以前的预测，盼望着您对 2012 江苏高考作文进行大预测。不知老师有没有准备？希望您恩泽 47.5 万江苏考生，给予启示。我会一直关注您新的博文。谢谢！

我没有给他回复，因为我明白了猜题太盲目，但有一种方法比猜题更实用。这种方法就是思考啊。

让孩子学会思考，比如何去做重要得多。

我们要培养的孩子，第三个基本的目标就是具有良好的思维品质。

最后，不要说学生，我们有时候也管不住自己。

在给段惠民老师写的书评里，我还说了一句话：在老师告诫学生"天将降大任于斯人也"的时候，自己的实践却远离了自己的教导。整天要求孩子好好学习的时候，多少老师在好好学习呢？

让学生具有自制的能力，不可缺失。

如此，老师该干什么呢？

给学生搭建平台，提供成长的动力，学生就具有了可持续发展的能力了。

倘若我们的孩子具备了基本的生活能力，就能自我生活了；具有了明确的目标，就知道做什么了；具有了良好的思维品质，就懂得用头脑了；具有了自制的能力，就管得住自己了。如果加上老师提供的发展动力，这样的孩子不就具有了可持续发展的能力了吗？你所渴望的坚韧或内秀、阳刚或温婉自然会有的。

可是，不知道从什么时候开始，有些人开始提乡村教育、城市教育、农民工子弟教育、留守儿童教育、单亲家庭教育、富人子弟教育等等了。这不，又来了个"拯救男孩"。

搞不懂，真的搞不懂。

倘若教育的共性被重视了，孩子，没那么脆弱；学生，也没那么多分别。

做点"根"上的事儿，多好！

本来，教育没那么多区别。因为"专家"多了，才有了区别。

03　教师最基本的素质

谈到教师的基本素质时，总是谈什么敬业精神和专业素养。

什么是"敬业"呢？

现代汉语词典的解释是"专心致力于学业或工作"。对教师而言，敬业就是专心致力于自己的工作。或许就是因为这个解释吧，教师往往以为自己恪尽职守、兢兢业业、殚精竭虑、全力以赴就是敬业。他们把敬业当成了对自己职业的尊重，而忽视了"业"这个最基本的落脚点。用农耕时代的思维做现代的教育，总是有些不妥的。

同样的，"专业素养"它不仅是指自己所从事学科的素养，自己所从事的专业的"业"才是最基本的落脚点。

教师从事的是教育事业，教育的核心是培养人、发展人和造就人，是为了发展孩子的知识、丰盈孩子的灵魂、强健孩子的体魄，是为了让孩子获得可持续发展的能力。教师意识到这些，才算是具备了教育素质。而这些"核心"和专业素养的关系不大，也不见得和敬业精神成正比，因为成正比的是教师对教育本质的认识。

或许说到这里，有朋友疑惑，我们看四个事实。

事实一：

　　两岁半的女儿在家里做小教师，爸爸举止不端，女儿大发火:"爸爸,站起来!"

　　看到这种一本正经的女儿,爸爸只好乖乖地站起来。"靠着墙,面壁思过!"女儿很严厉,"然后打自己的手五下"。

　　爸爸的心很痛,但为了印证自己的猜想,就故意"抗议女儿":"老师,这样是不对的。"

　　"我们老师都这样的,不许说话。"

一个年仅两岁多的幼儿园托班孩子,就开始遭遇非人性的"折磨"。如果两岁多的孩子都不能"犯错",都成了一个个"小乖乖",那教育培养出来的是什么啊!

　　朋友说:"教幼儿园的教师绝不能用未婚人,因为 Ta 们缺乏父母心,根本不知道孩子仅仅是孩子。应该让做了父母的人来做幼儿教师。"

　　此言得之!

　　俗话说三岁看老,六岁决定一生,在几乎决定一个人的习惯、性格、气质、思维方式的最关键时刻,孩子的个性就被扼杀了。教育何在?可惜,现下的幼儿教师几乎都是未结婚的女子,她们如何懂得教育之"育"啊!她们只知道把孩子培养成齐步走的木头人,把孩子削剪成装饰的病盆景。

　　事实二:

　　一个上小学四年级的孩子,一天忘记把老师的数学试卷带回家。为了能按时完成作业,孩子去楼下一个同班同学那里借来卷子,把题目都按卷子上的格式抄下来,然后把它们做完。第二天放学一到家，孩子就"哇哇"大哭。原来老师说他自己抄的卷子不算，要孩子在原卷子上重做一遍。孩子不想做，老师就把他叫到办公室，要求他必须重做，否则不让他放学回家，孩子只好边哭边写。在和家长交流的时候，该老师还理直气壮地说，为了让他以后不丢三落四，为了让孩子学得更扎实。

多好的一个孩子啊，就在教师理直气壮的自尊中凋零了对数学的兴趣。教师哪里知道，他的责任是教育孩子，是给孩子的成长提供平台、提供动力。一个连基本的培育孩子的本质是什么都不知道的人，配作教师吗？

事实三：

深圳某初中骨干语文教师，每天留给学生的语文家庭作业就有六项。假设每项作业只需要10分钟的话，只语文作业就需要60分钟。可能是10分钟吗？估计这个教师没那么仁慈。

朋友说："这哪里是在教学生啊，简直就是在拿学生的身心健康来换取自己的'骨干'！如果让孩子做那么多作业，就是不要教师教，猪也能出分数！"朋友的话说得很粗，但不无道理。

如果以孩子的身心健康为代价换取自己的些许虚名，作为教师，你们忍心吗？可是，在中华大地上，这样的人有不少啊！

事实四：

某学校德育校长对我说:"我们学校的学生真的很差,打架、骂人、不学习,好事几乎没有,坏事成堆成山。"我问他:"他们大脑残疾吗?""不残疾,就是一个个猪脑子,不爱学习。"

我不理解,难道一个学校就没有一个聪明的爱学的孩子吗?谁愿意让自己的孩子一进学校就被老师放弃?我不想说没有学不好的学生,只有不会教的老师。但我更想说,很多时候,一个孩子不愿意学习和教师的教学艺术有关,一个孩子的成绩上不来和教师的教学效率有关。教师的职责是培育孩子,发展孩子,而不是放弃孩子啊!

……

一个家庭教育专家说过这样一段话:"说实在的,学校里的很多教师,他们不见得比一个母亲更知道孩子需要什么,他们不见得比一个社会人更懂得教育理论,他们不见得比一个其他行业的人的学科知识更扎实。"

我们之所以成为教师,是因为我们应该懂得我们的从业核心是培育人、发展人和造就人,是为孩子具有可持续发展的能力而传授给他们知识,发展他们的智力,健全他们的灵魂,强健他们的体魄。如果这些东西教师都不懂,其他方面又不见得比别人强,凭什么做教师呢?

所以,教师的基本素质是教育"心",是教育素质,而不是在实践中做扼杀人、折磨人、伤害人、放弃人的"刽子手"。

04 | 闲谈班本课程

喜欢或者不喜欢，班本课程都似雨后新苗争先恐后地出现了。说争先恐后，自然不算过分，事实如此，因为每个"优秀"的班主任都怕被甩在了后面。

当教育给予了教师更多的自主权之后，就出现了所谓的国家课程、地方课程、学校课程、年级课程，自然，班本课程的出现也就不奇怪了。可是在众多的这课程那课程挤压了孩子们本不多的自由空间之后，班本课程的出现会给教育带来什么呢？笔者有心，一百度，结果颇为讶异——这些"班本课程"要么是把活动本身当作课程，要么是没有系统的碎玉乱珠，要么是虽有系统但却串不起课程。

前二者不堪一辩，以有系统却串不起课程的"班本课程"为例谈谈我的看法。

笔者能百度到的此种类型的"课程"也只有中华传统节日（此类最多，似乎除此之外鲜有其他）。此类所谓课程，自然是有系统的，一年中的传统节日，例如春节、元宵、清明、端午等等。于是每当一个节日到来，教师就会对所在班级的孩子进行一次关于传统节日文化的教育。以清明为例。通常教师做的是以下几项事情——

结合介子推或者其他典故说说清明的来源与文化价值；

给学生介绍寒食和清明的区别时，顺带介绍寒食的风俗和清明的活动；

会找来一些有关清明的诗歌让孩子们背诵或者来一场朗诵比赛……

除此之外，鲜有其他招数了。对这样的课程美其名曰，让孩子们了解传统文化。的确，孩子们是了解了与清明有关的文化，介子推的精神或对先人的追念意识都会在孩子的心灵留下当下的印记，清明丰富多彩的活动也会成为当下孩子们开展的活动之一……。教育心理学认为，任何"这一次"的活动，都只是对人的心理表层做的单一次的调节而已，无法影响到人内在心理的稳定结构。诚然，清明举办文化活动是可以让孩子了解文化，但很难流入到孩子的灵魂中去，毕竟这是"这一次"的活动。教育者没有将清明的文化活动延续下去，至少延续到可以让孩子形成习惯的第 21 天。此类"班本课程"的设计者也根本没有想到过将之延续以转化为人的灵魂。似乎在"设计师"的意念里，他做的这些就可以转化为孩子的灵魂了，或者是能否转化为孩子的灵魂不重要，他关注的是这个"课程"环节是否开展了。

请问如果不开设这个所谓的课程，是不是孩子以后就不了解关于清明的文化了呢？笔者当年没有上过老师开设的这样的课程，也敢说了解得很透彻。这里笔者有斗嘴之嫌。只是，我们不得不去思考，这个活动的结果是什么？只是让孩子了解了与清明相关的知识之外，背几首诗或者组织一次活动而已。真的对孩子的发展，尤其是以后的可持续发展有促进作用吗？反过来等于说，如果孩子不了解这些，真的就影响他以后的发展吗？答案不言而喻！教育不是让人了解知识抑或记住知识，而是为人的发展服务的。如果了解与不了解这个知识对当下或将来的发展没有影响，那么它存在的价值就不大（笔者不是否认"清明"的文化价值，而是否认这种具体的操作方式）。

何况按照此类"课程"设计，清明节后的下一个传统文化节日就是端午了。端午和清明的联系是什么？众所周知，课程最基本的特征就是系统性，没有系统性的教育是没有效果的，任何试图通过一两次活动或一两节课就可以教育好或者改变学生的做法都是教育的幻想。行为心理学原理告诉我们，最浅层次的习惯养成也需要 21 天。把两个在内容上毫不关联的节日放在一起，以为就是对孩子的教育了，以为就有利于孩子的发展了，同样是教育的幻想。没有内在系统就无法对学生的发展起到真正的促进作用，没有促进作用的课程自然是没有价值的课程，应该说，那根本就不是课程。

不是课程，又没有对孩子将来的发展起促进作用，并且还会挤压孩子们的自由空间。在各种作业、考试以及其他知识早将孩子们弄成了"举头望明月，低头写作业""洛阳亲友如相问，就说我在写作业"的苦命人之余，您如何忍心呢？

班本课程有必要吗？或许真有，因为很多教师带班就是走到哪里算哪里，根本不考虑什么是教育，不考虑如何才能让孩子们成长得更好，以至于时下教育困难重重，矛盾凸显。倘若真有一个可以促进孩子发展的、系统的班本课程不就改变了此种尴尬，走向了真正的班主任专业发展之路了吗？

曾在自己的脑海里做过一个详细的规划，也可以叫做"课程"，下文我将自己做的一项"班本课程"呈现出来，让各位检阅。

课程主题：我的节日。

具体而言是让班上每个孩子自己设定一个独特的属于自己的节日，可以用自己的名字命名，也可以取一个自己认为最合适的名字，叫做××节。例如王小明礼貌节（日）。设立的目的是让每个孩子都得到尊重，都有那么一个日子是自己的舞台。自然，其他节日也是配合其他孩子的重要参与者。

设立过程——

（1）让每个孩子说说自己所设立节日的名称和目的。

（2）每个孩子设计详细的实施方案。

（3）其他相关事宜。

无聊的节日不会被通过，设立节日的目的必须是以传递正能量为主，兼顾其他有意义的活动。

节日整合：设若一个班上有三十六个孩子，一定会有三十六个节日。那么这三十六个节日一定会出现同种类型，例如关于公益活动的。此时班主任可以将关于公益活动的节日组织在一起。

假如有六个关于公益的，三十六个节日，每学年九个月的时间，平均每个月会有四个节日，也就是说每周都会有一个关于公益的节日活动。六个节日，可以用一个半月对孩子的公益意识进行培养，是不是就引导学生形成习惯了呢？应该是吧，因为 21 天就基本形成习惯，何况是 45 天左右呢？倘若一个班级的孩子更多，例如河南很多学校有六七十人，那么节日的密度会更大，延续的时间更长，效果也会更好。

活动开展——

（1）主题被整合后，孩子们根据自己所处的月份，选取具体的日子。

（2）开展节日时方案由节日发起人制定，但具体活动由全体同学和老师配合完成。让每个孩子因为自己的节日而成为聚焦的人物，都有尊严感和存在感。一个孩子为主且众人参与的节日活动，既是对个体孩子的尊重，也是对全体孩子的能力锻炼和意识培养，自然，这就形成了课程所具备的系统性，更附带了综合素养的提升。

如果您认同说节日的整合是对孩子成长进行系统化的培育，而活动的开展是让每个人都得到尊重的话，我觉得您可以认同这就是课程了，即由孩子发起的，教师参与组织的，为孩子成长服务的属于班级的课程。这四个要素就应该是班本课程的要素了吧。

我以为，具备了这四个要素的班本课程，才是以孩子的发展为核心构建的班本课程。

05 | 基础不是你的托辞

或许教久"差生"了,就不说"基础"这个词了。

可是,耳边时不时还是充斥进来"基础"这个词。高三的老师说:"这些孩子高二就没学好,堆积到高三一年,怎么可能提高呢?"高一的老师说:"这孩子,初中都学到了什么啊,什么基础都没有。"初中的老师说:"这孩子是不是没上过小学啊?"

一路推下来,好像除了自己,谁都有责任。

某天,某小学校长跟我说了一件事儿。他们学校的一次写作研讨会,本来会议议题是探讨如何提升小学生的写作水平,结果呢?研讨会成了批判会。教师们一致认为这些孩子的基础太差了,整天就是家里和学校两点一线,也没有什么写作的素材,什么也不会写。

于是,想起了昨天的一件事情。因为某件事情,我把班上小萍的妈妈请到了学校,见面时她妈妈第一句话就说:"老师,不好意思,孩子给您惹麻烦了!"我很奇怪:"没有啊,我请您来就是想和您交流一下孩子该如何进行下一步学习的事情,孩子很好,她是很听话的,也是我最喜欢的学生之一。"孩子的妈妈愣了很久,"梅老师,孩子的基础差,所以每次家长会我都不来,我觉得没有脸见老师。""您怎么会这么认为呢?""唉,从幼儿园开始,老师就说她基础差,这孩子从小就没学好过……"

于是，我就想，如果小学的基础差可以推到幼儿园的话，那么幼儿园的基础差又该往哪里推呢？只好推向学生家长了。那这孩子回家之后还不对着自己的父母大骂啊！"你们什么破基因啊，让我成了处处比别人差的学生！"那，父母又该找谁呢？爷爷奶奶，爷爷的爷爷奶奶……这样一追溯，还真来故事了。同族同宗之内，有好人有坏人，有功成名就的也有遗臭万年的，咋回事儿呢？

我不知道"原罪"是什么意思，隐隐约约好像是罪恶总有个头。那么如果反过来想，那好"基础"的源头在哪里呢？人生的哪个阶段是"打基础"的呢？父体？娘胎？学前？幼儿园还是小学？整个求学的阶段还是整个人生？

具体到学校教育而言，恐怕幼儿园和小学是基点吧，初中也是基点，高中应该也是在为孩子的可持续发展铺垫，大学也是为了孩子独立地走上社会做工作。

我们每一天的工作都是在为孩子的成长奠基，每一步工作都是为孩子的独立行走打下基础，那么，我们有何理由说孩子基础差呢？教师不就是奠基人吗？

所以，我觉得所谓"基础"，就是某些不作为或者不能有效作为的教师的借口，总是把责任往别人身上推。如果是一个农民，分给你一片土地，无论是肥沃还是贫瘠，你都必须耕种。肥沃的土地或许让你少吃点苦就可以解决温饱问题，而如果想获得更理想的收成，就需要采取更加科学和有效的方法，例如温室栽种，立体空间挖掘等等；而贫瘠的土地，就需要花费更大的心思，这样才能让土地变得肥沃，这样才能保证最基本的生活需求。因为你没有办法获得别的土地，因为这一片土地就是你赖以生存的基础，你必须将它耕种好。而一味地埋怨它的贫瘠却不去耕种，只能让自己在叹息中饿死。

无论教师教哪个学段，当一个班级或者一个学生交给你的时候，孩子就把一段生命交给了你，这个孩子就是你事业的支撑点，就是你职业的着力点。你的任务就是让每一个生命在你的手里尽可能地绽放，尽可能好地绽放。这是一片你需要耕耘的土地，这是你配得上"教师"这个称号的最原始的基础。没有这些孩子，哪里有你这个职业？所以，如果你所教的孩子是那片贫瘠的土地，你就是那个让他变肥沃的人；如果你所教的孩子是那片肥沃的土地，你就是那个让他的生命更加充分绽放的人。

基础，是个可怕的词。

教师，不应是推卸责任的人，因为——

你就是你的基础，没有借口。

06　无法承受你的优秀之重

　　本文与真正的名师无关，与我所敬重的长辈无关，与在教育战线上孜孜以求默默奉献的前辈大师无关。

　　　　　　　　　　　　　　　　　　——写在前面

事件展示

　　1. 某数学特级教师，年届40，某市中考命题组成员。

　　她的口头语是，"今天我们来做个小小的测验！"然而实质是，她在每一周都会对学生进行一个"小小的测验"。然后批改、排名，随之而来的就是对学生的"诲人不倦"。无论学生接受或不接受，她的爱心总是扑面而来。

　　某天，她的某个学生在QQ上告诉我说："老师，今天我们的数学作业有5页（16K）。"我只能玩笑地告诉他："孩子，做吧，做好了就有分数了。"那其他学科的作业呢？都加起来该是多少个页码啊！或许其他学科的作业并非都如此多，但单单就这5页的数学题目，估计可怜的孩子就要做到半夜了。

　　她在学校里是名师，学生的考试成绩名列前茅，在历次的教师会议上，她都是领导口中的学习榜样。

　　2. 某语文特级教师，全国优秀教师，国内名师，年届40，全国中语会到处讲学的专家学者。

他很低调，工作很认真，为人很谦和，是众口交赞的名师、大家。

一次参加学术活动时到了他的学校，他的学生告诉我，他们的语文教师每两天让他们写一篇作文。更有甚者，暑假的时候，他们的语文教师要求他们写 50 篇作文（大作文，不是日记或者随笔的小作文）。学生还说他们的语文教师还让他们抄课文。他们开始上高中时，文言文中连注释都要一个个抄写，至少抄两遍以上。

他在学校里当然更是名师了，即使在全国的语文教育界也大名鼎鼎。只是，据说他是一个受领导器重、下属敬重的人，但却是学生最不喜欢的教师之一。

别的我不知道，我一直在想：如果多写作文能够让学生提高作文成绩的话，那么我们从小学开始让学生每天写一篇作文，我国该有多少诺贝尔文学奖获得者啊！

记得西方某个人，家里藏书上万，读书成堆，可是，他至死都没有发表过一篇文章。我的学生每两周写一篇作文，他们的写作水平似乎也不低。

3. 某语文青年名师，省讲课比赛二等奖，区讲课比赛第一名。

这是一个我有幸听过她上的课的人。那天她讲的是毛泽东的《沁园春·长沙》。别的什么印象都没有了，只记得她是在课堂第 28 分钟（学习余映潮老师，我听课喜欢计时）的时候，打出了一张幻灯片，一个大大的标题——整体感知。或许是我不厚道，当场发短信给一个全国优秀教师朋友，朋友回信息说："穿着教师衣服的农夫！"

之后不久，我听说她做了学校的教务主任，兼任学校的语文教研组长。我听说她每天给学生布置六项作业，我听说她班上的学生的语文成绩很好，我听说她也成了她所在学校领导表扬的重点对象，我还听说她的学生每天做作业都是到晚上 12 点不结束（当然包括其他学科作业）。

别的不想说，我一直在想：为什么这样的教师会得到领导的器重呢？这些孩子数年之后对该教师留下的印象会是什么呢？会因为她是个名师而敬重呢，还是会骂我们这个社会——这样的人也配做名师，中国的好教师难道都死光光了吗？

……

关于这样的优秀教师，我希望仅仅是个例，尽管和我有某种交集的就有三个了。

算作结束

在和朋友聊天的对话框里，我写下了这样一段话：如果靠牺牲孩子的身心健康换来考试的分数，这是对一个家庭的犯罪；如果靠牺牲孩子的学习兴趣来换取成绩，这是对未来的犯罪；如果靠连续牺牲他人的成长和他人的幸福换取自己的成名成家，这是道德的卑鄙，这是披着教师华美外衣的恶狼。

07　反教育的"精细化管理"

新学期，新政策，本来应该带来新气象。可是，总是有些莫名其妙的东西传入耳膜，按捺不住魔鬼般的冲动，只好跳出来"胡言乱语"了。

先从听到的学校"新政"谈起。

一

一天广东某朋友告诉我，"我们这学期开始了新一轮的课堂教学改革，要求课堂分四段式"。

所谓"四段式"就是将课堂硬性分割为四个板块：出示教学目标1分钟，学生自学20分钟，教师讲解10分钟，当堂训练14分钟。而且将学校所有学科"一刀切"。我是教语文的，知道如果我来评讲一篇作文的话，10分钟，哪怕四个10分钟都不一定够。那么，如果遇到一个数学或者物理或者化学的难题，10分钟，够吗？课堂应该是流动的灵性的课堂，"活"的课堂，才能培养出"活"的灵魂，这是最基本的常识。那么，我们教育管理者们在干什么呢？

与之配套的是当天的学习内容当天清，当周的内容当周清，当月的内容当月清。我不知道，当学习的主动性、乐趣被鞭策成被动服苦役的时候，学生的学习兴趣还能存在多久。

2001年在江苏某校，我被这样要求过。由于效果不佳，不久领导就废除了，英明！2009年，在江苏某校，又这样被要求过，但领导说了，"不换思想就滚蛋"，于是我滚蛋了！据说，后来领导也换了思想，废除了这种做法，不知道他滚蛋了没有。这不，朋友所在的学校又"前仆后继"了。

当课堂失却了灵动，当教师失却了课堂自由，当学生失却了学习的主动和乐趣，谁还能做好教育？鬼才相信，但就有人做啊，因为在短期内课堂的灵动、教师的自由、学生的乐趣以及学校的未来是可以榨出来一点分数的。

教育的近视啊，悲哀！

二

前天，某单位的一位朋友告诉我说，学校期中大会，校长又出"新政"。

"新政"有两个基本特点：一是要进行"课前3分钟检测"，二是要求科任教师每节课表扬10个学生，并且校长大人会亲自找学生谈，问教师表扬了他的什么。

先说第一点。恕我愚钝，我实在想象不出，这3分钟来测试什么。当然我能想象出这个举措是为了让学生尽早地安定下来，不那么闹腾。只是，如果你每天每节课都来这么一个检测，你觉得学生还会在乎检测的分数吗？当学生不在乎检测的分数的时候，你的"安定"决策还有效吗？何况，如果考的是数学，3分钟能解出一个题目吗？

当教育失却了根本的"道"，而从细枝末节的"术"入手的时候，只能造成自己的黔驴技穷却无益于教育本身。

看第二点，更是莫名其妙。每天表扬10个学生，有必要吗？可能针对学校的学生素质不高现状,该校长试图通过赏识教育来唤醒孩子的灵魂。只是,倘若一个班40个孩子,一天8节课,被6个以上的教师反复表扬,你觉得学生是傻子吗?依然记得2002年,某语文教师开公开课,大拇指一举对一个高二的学生说:"你真聪明!"学生当场就回了句:"你以为我傻×啊?!"赏识教育可取,但赏识有"道",一个优秀的教师是懂得在何种情况下去表扬,以及如何去表扬的。当表扬变成了直白,甚至可以被校长大人检测的时候,你就真认为学生是傻子了。或许事实上是相反的!

校长可不承认自己的丝毫不妥,却说,是为了精细化管理学校的德育过程。

三

一天一个朋友告诉我说,他们学校来了一个新校长,外号"DV校长"。

何谓"DV校长"?就是为了对教师课堂进行精细化管理,校长大人随时拿着DV对教师的课堂DV一下。抗着个或者拿着个摄像机到处转悠,这校长当得特有范儿。只是那些上课的教师如履薄冰如临深渊了。即使教师能把课备得十分精致,也不能确保每个孩子都能聚精会神。李开复还说呢,当年他在美国读书的时候,课堂后面的角落里就有个爱睡觉的家伙,他的名字叫奥巴马。你说,如果这一点"罪证"被拍摄到了,那可是"狡辩都没得了"。

是啊,每一位教师在这里都有一种"等死"的感觉。

当中世纪的管理心态,加上现代化的科技,被用在21世纪的教育管理中时,管理是精细了,可是,那些在"白色恐怖"中喘气儿的教师们啊,是可以用生动的实例告诉自己的学生什么叫"生不如死"了。

教育的成绩,在这种"白色"中真的能幻化出五彩缤纷吗?

握住揪心的疼痛,眼前一片黑暗!

四

教育的本质是什么?不同的人有不同的答案。但梳理从康德到雅斯贝尔斯,从人本主义到素质教育的观点,还是能窥探出些东西的。大体而言就是促进人的生命个体健康成长,实现人的生命个体由自然人向社会人的高度转化。再通俗而言就是"育人",使人成为社会的人,成为他自己。

在分析了以上几种"精细化管理"之后,我怎么都感觉不到师生在被精细化管理之后有丝毫自由。教育是人格影响人格、灵魂塑建灵魂的行为,当教师课堂的自由消失了,灵魂的自由封闭了之后,那么师生之间真实的灵魂交流还存在吗?当过程被控制了,兴趣被压抑了,育人是不是就变成了毁人呢?孩子还能成为他自己吗?

于是我想起了班级管理,想起了班规和班级的组织机构建设。

不知道是出于关爱还是受理念的限制,老一辈的班主任总是告诉新一代的班主任,"接手一个班级,一定要制定好班规,而且班规越详细越好"。姑且不谈班规的立足点是不是把学生放在了对立面,单就是这个班规"越详细越好",就给人可怖的感觉。

于是,想想,宽松一下,放了教师和学生,是不是就放了教育一条生路了呢?

可能有的教师会说,只有精细化管理才能使得班级每一项工作都能"有法可依"啊,这样管理起班级来不就得心应手了吗?社会就是因为有法律的漏洞才使犯罪分子有机可乘,而高度发达的法治国家,就很少有法律的漏洞。

这就是教育的悲哀，总是把社会化的或者其他领域的东西拿来类比教育，而忽视了教育的特殊性。当社会的或者工业化的东西被嫁接到教育中的时候，那不是教育的科学，恰恰是教育的悲哀。社会是管理人的，而不负责培育人，而教育却是培育人的，而不应该是管理人；工业生产是为了造出来精细化的工业成品，而教育的对象始终是变换着的。倘若班规极其细化，我们的孩子就可能感觉每做一件事情都会战战兢兢。因为随时都可能面对班规的惩罚。当然有些高明的教师采取人性化的惩罚，例如罚学生唱一首歌。可怜的是，无论你的惩罚表面多么人性化，对于被惩罚者来说，都是精神的折磨。因为既然是惩罚，形式再多变，而本质没有变。

特别崇拜陈宇老师，他说，如果你想搞好教育，就要回避你当年的遭遇。既然教师们不愿意在这种精细化管理中被束缚，那么我们的孩子就愿意吗？所以，有人就说，所谓的人文就是以他人之心度己之所为。我觉得是真理啊。

在精细化的班规中，每一种行为都有一条杠在等待。在这样的网络中，孩子的灵魂如何舒张，孩子的灵魂如何自由？如此下来，让孩子成为他自己，不就是悖谬的楼阁了吗？

当80后的一代班主任提出无班规培育班级的时候，"革命老前辈"总是唉声叹气——太理想化了！

我们的很多创新或者真正触及本质的东西，往往就是在"前辈"的叹息中泯灭的。喜欢李开复，因为他那句"你不去试，怎么知道不行？"是啊，倘若只知道叹息，而不去试试，你怎么能说不行呢？因为现实的精细化管理，确实在束缚着孩子的发展（这里可能有人会说，班规的细化也可以锻炼孩子们的执行力和培养他们的社会意识啊,对班级组织的问题,受篇幅限制,此处不谈。他日来解读这种观念的不公平性和"委托人"可能造成的更加白色的恐怖。)你必须走出这个认知的怪圈才能触及教育的真谛,那么,你想一些方法来试试,又何妨?

想一些不用班规又能做好教育的方法,或许就是我们班主任专业化发展的方向。

曾勋在《孔庆东现象批判》一书中说:"中国知识分子掌握话语权十分不易,既然你掌握了一定的话语权,更有责任合理使用它,不然留给时代的仅是一堆文字垃圾和思想糟粕。"

那么做了校长的掌握了学校话语权的你,和做了班主任掌握了班级话语权的你,就更有责任合理使用你的话语权,而不能为了显示自己的"权威"给学校造成灾难,给学生造成伤害,对未来犯下罪孽!

08 有娘的孩子不缺爱

不知从哪天开始,有关教育的母性和理性之争愈演愈烈。

持母性论者似乎占据着上风,因为母性更包容、更柔软、更慈爱。更有如费尔南多·萨瓦特尔说,教育的价值在于它是"温暖人性的乳汁"。

很母性的特征和很诗意的表述,真的就能代表教育的真实需要吗?

想起了王开岭,在《向儿童学习》中他说:

> 一个人的童心宛如一粒花粉,常常会在无意的"成长"中,被世俗经验这匹蟑螂悄悄拖走……然后,花粉消失,人变成了蟑螂。

谁是这匹"俗世经验"的蟑螂呢?

看看母性论者所持的几个关键词吧:包容、柔软、慈爱。这就是说教师要对孩子进行包容,教师对待孩子内心要柔软,教师要对孩子慈爱。包容也好,柔软也罢,说到底就是对孩子爱。"爱"这个词被有名的专家和无名的教师提过千万遍。一提起教师的事业,就是爱的事业。所以,在成人的眼睛里,孩子就是需要被爱的对象,教师就是爱的施予者。"儿童在成人们眼里,一直是被当作'不及格、非正式、未成型、待加工'的生命来关爱和呵护的。"(王开岭《向儿童学习》)不管孩子需要或不需要,教师都要向孩子去喂"乳汁"。或许就是这个施爱和喂养的过程,把孩子变成了"蟑螂",于是儿童成长的过程也就成了向成人献礼的过程。只是,在这个过程中,是让花粉飞扬,然后孕育出生命的个体,还是让花粉消失呢?

蒙台梭利说,儿童一出生就处于成长圆环的蓝色区域,这是一个纯净、和谐并自发趋向于真善美的区域。而正常的成人处于这个成长圆环的白色区域,这是一个不勤加学习和自修就容易滑向深红色区域(各式犯罪和精神病患者的区域)的区域。而教育的现实是,作为成年人的处于白色区域的教师在给蓝色区域的人施加影响,在对蓝色区域的孩子的成长"指点江山",从而让这些孩子失去自我,成为成人的期待的人进而最终转化为"成人"。

让儿童消失的正是按照自己的标准塑造儿童的成人,成人不就是这"俗世经验"的蟑螂吗?何况,孩子真的缺爱吗?

韩非子说"人之性情,莫先于父母",一个教师无论声称多么爱自己的学生都不可能超越父母对子女的爱。因为"在孩子面前,每个母亲都想做一位好母亲。每一位母亲为子女都可以牺牲自己的一切,而教师无论把爱的大旗挑得多高,都不可能如母亲一样地去爱自己的学生。"(深圳王莉语)正如一句俗语所说,"有娘的孩子不缺爱",有娘的孩子更不缺老师所能给的那点爱。

孩子缺的是什么?是自由,是成长的自由,是成长舞台的拥有和成为他自己的渴望。

诚然,基于以上分析,我们明白,教育不应该是我能做什么,而应是我该做什么。教育怕的就是兢兢业业做蠢事,因为如果教育的方向错了，一个教师越是爱学生，越是敬业，就可能对孩子造成的伤害越大。而只有在正确的道路上的行走才是真正的教育。可是，作为处于成长圆环白色区域的教师，你能确保自己走在了正确的道路上吗？不能！除非真正的无知者才会确信。

真正的教育者是畏惧的。他惧怕自己的言行会伤害了孩子的成长，他惧怕自己提供的方向会误导了孩子的生长，他惧怕自己的要求会限制了孩子的自由……因为这种畏惧，就能够在一定程度上确保孩子不受伤害，因为畏惧到极处才是真正的爱。

这不是教育的母性，而是理性，是基于对自己的认知和孩子成长需要的理性。

教育是什么？

美国教育家杜威说："教育就是无论年龄大小，提供保证其充分生活条件的事业。"就是说，教育就是给孩子提供充分的条件，让其自由生长的事业。教师的工作不是站在一定的高度俯视孩子的成长，给予孩子爱或者"乳汁"，而是在充分认识自己的作用之后为孩子的成长创造条件、搭建舞台。陶行知先生曾经对"学习"做过自己的解读。先生认为"学"即是让学生自己寻求知识，"习"即是让孩子通过实践活动获得成长。无论是"学"还是"习"，先生都没有把外界的"给予"或者"灌输"放到一定的高度，也就是说，学习是孩子自己的事情，成长也是孩子自己的事情。那么教师要做的就是基于孩子的特点和成长的需要，为孩子创造更加合适的条件，为孩子的成长搭建多方位的更加适合孩子个性特点的成长舞台。而不是一如传统教师要"为人师表"，要做孩子成长的"楷模"。

教育，不是让孩子在成人期待的视域内成长为成人期望的人，而是成为他自己，成为个性丰富、灵魂丰满、色彩鲜明的自我。

放下身姿为孩子创造条件和舞台，而不是高高在上地给予，这是教育的理性，也应该是教育的本质。

但是，时下的教育还是一味地认为，要强调教师的爱和给予，强调教育的母性，甚至谁"爱"学生不够，谁的师德就不高尚，谁就不配做教师。殊不知，爱孩子，是老母鸡都会的事情。而真正的教育，需要理性。也只有建立在理性基础上的教育，才能让孩子成为他自己。因为"成长即是目的，除此之外，别无目的"。

诚然，强调理性，不是不要母性，而应该在理性智慧的前提下，辅以母性来成全孩子的成长。

"上德不德，是以有德，下德不失德，是以无德。"真正的爱孩子，是用理性成全孩子的成长，只有口口声声用母性来大谈"德"的人，才可能因盲目而"无德"。有娘的孩子不缺爱，缺的是基于教育理性的给予。

09 做学生思想工作的错误范式

对学生进行思想工作,很重要。这几乎是所有教师的共识。

可是,很多时候我们发现,教师做思想工作的作用不大。除却方法的科学与否之外,对一些"套路",我命之为"范式",实则不敢恭维。但这些不敢恭维的范式,每天都在不停地上演。观察下来,主要错误范式有三。

一、威恩并用

呈现方式:先狠狠地针对学生的不足、错误等进行批评,毫不留情。然后用"似水柔情"表达老师对学生的关爱,找他们的闪光点,进行鼓励,在"爱"中诱导学生加深对自己错误的理解,同时也让学生理解老师刚才对自己严厉的"良苦用心"。

效果展示:起初效果明显,学生对老师的严厉表示理解(有时还真是恐惧),对自己的行为"反省深刻",并能在行动中改正。天长日久,学生则发现了老师的工作"套路",不就是每次狠狠批评两句,然后再施以"柔情"嘛,还能把自己的优点表扬一番呢!正如"打一棒子,给一颗糖果"一样,明白了老师的"套路"之后,你给他"棒子",他就这个耳朵进,那个耳朵出;你给他"糖果",他心安理得地就"笑纳"了。这样不但没有什么教育效果,老师的威恩策略还会成为学生的笑柄。

原因分析：1.教师教育方式的程式化，程式总容易被他人掌握。程式一旦被发现，就没有了朦胧时的神秘感，教育的效果自然就会下降。2.严厉带给学生的伤疤还没疼痛够，老师即使给他抚慰，也起不到效果，当然教育也就没有教育的效果。给予"棒子"之后，不能紧接着就给"糖"，是需要有时间间隔的。

二、寓庄于谐

呈现方式：或许是十分严肃的问题，老师在给学生做思想工作的时候是严厉的语气，但举止和神情并不严肃。例如某校一男生有抚摸其他男生的倾向，老师在意识到此种问题的严重性之后，严肃批评这种行为，可在表情上却表示不屑或者做出无奈的滑稽状。

效果展示：如果说"威恩并用式"让学生有些"好了伤疤忘了痛"的话，这种方式则让学生连"伤疤"都没有，最多仅仅是一时的心理紧张而已。学生被叫到办公室等谈话时因为意识到问题的严重性，心理上应该会有恐惧感，但当其看到老师的行为举止时，或许会揣测到老师心理上是没有那么严肃地对待的，故而也就以无所谓的态度回应之。

原因分析：老师自己不严肃的表情和行为动作，冲淡了本来严肃的话题和严肃的语气。没有一以贯之的思想工作方式，或者是工作方式的所有呈现载体不能形成合力，是不能取得应有的效果的。

三、感恩前途式

呈现方式：教师对学生"语重心长"，用父母辛勤的付出和父母的殷切期望来教导学生，希望学生感念父母的恩德，把心思用在学习上。或者是用不好好学习就没有好的前途以及现在就业形势如何严峻等，要求学生认识到现实的困难，让学生认识到除了认真学习就没有其他出路。

效果展示：除非家庭有特殊情况，例如一贫如洗，单亲并贫困等，孩子基本上是没有反应的。对前途问题、危机意识等他们没有感受，结果只能是老师说得苦口婆心，学生基本无动于衷。

原因分析：90后的一代、两代人，是在被宠爱的环境中长大的，基本上在家里都是被捧的"月"。对父母的苦难（更多的是父母也没有经受什么苦难）父母的恩德他们根本没有感受，父母的期望对他们没有触动。前途更是虚无飘渺的东西，拿遥远的东西让现在的他们感动，无异于隔靴搔痒。

以上几种范式，常用却无效。很少有人去认真思考如何才能使之有效。正如宋大男老师所说："当你思考着去工作的时候，才是一个老师成长的开始"，我们不妨思考一下如何对孩子进行思想教育才有效。

进行思想教育，关键是走进学生的内心，掀起学生内在的心理波澜，不要让学生认为老师的思想工作是一种"伎俩"。

我根据自己多年的工作经验，并结合上面的分析，认为以下方式可以取得良好的效果。

一、不妨独孤九剑

《笑傲江湖》中独孤老人之所以能笑傲江湖，多年难求一败，并非剑法多么高明，而是因为独孤九剑的出招不按程式，而是随兴所至，剑之所指，没有程式就是最高的境界。教师对学生进行的思想教育工作也一样，如果让学生发现了其中的程式，学生会以为老师的方式是"伎俩"，而不是教育的艺术，轻则不屑一顾，重则成为学生的笑柄，是起不到教育效果的。因此，教师在做学生的思想工作的时候，一定要讲究教育的艺术，追求艺术的多变和不重复。今天面对他是威恩并用，明天不妨来个霹雳手段，后天不妨来个"围魏救赵"。多变的手法，自然就让有批评"免疫能力"的学生"防不胜防"。

二、切中学生体验

新时代的中小学生，在众星捧月中长大，在强烈的自我中心中长大，失落了苦难意识，失落了感恩意识。而工作、危机意识对他们来说更是遥远的东西，梦想、理想、未来等更是虚无缥缈的东西。"任何教育，脱离了学生的生活和情感体验都不会取得良好的教育效果。"（赞柯夫）所以，对学生的思想教育首先要能触动学生的情感体验，让学生从身边时下可感的东西入手。例如，如果某个学生不好好学习，我们可以引导学生从分析与他人的差距入手，让他在自我分析中感受到自己的不足。也可以从失败之后的心理换位入手，让其体会失败可能带来的种种心理体验。这样最真实的东西或许最能触动该生。

三、开展无声交流

和学生交流的方式有很多种，但面对面交流肯定不是最好的方式。梁昌辉老师说，班主任工作的最好方式，不是等事情发生之后如何去艺术地处理事情，而是把事情扼杀在还没有发生的时候。而无声的书面交流或者进行QQ、电子邮件交流是比较好的交流方式。有些孩子由于性格问题，不愿意把自己的心理呈现给老师或者别人，但他们愿意倾诉到纸张等无声的媒介上。袁卫星老师曾经与学生进行"日得"交流，让学生每天写日得。其实这个"日得"起到的作用和日记几乎是一样的，而日记的隐私性使得学生对老师有戒备心理，而"日得"的出现使学生在很大程度上消除了这种顾虑。我在使用"日得"的过程中，就发现几乎100%的学生都将自己的心里话或者发现的其他学生的事情记录了下来。这样我就能根据显示出来的情况在"日得"里面进行有的放矢的引导。

这种无声的交流，更多的不是发现问题，而是在交流的过程中，老师渗透对学生的心理疏导，渗透对做人处事的指导。这样很多思想苗头都会被扼杀在摇篮之中了。

四、构建生生维度

每个人都有这样的体会，和老同学聚会，你会发现和自己谈得比较热乎的往往不是那些替老师"传达命令"的"红人"，印象最好的肯定也不是他们。原因很简单，在老师、老师的传话人之间有一种隔阂。这种隔阂产生的根本原因是班主任在班级管理过程中无意识地在执行两条线：经线和纬线。老师和老师的传话人是经线，而一般的学生之间是纬线。

一个高明的教师是不会将之分得那么精细的，他会构建学生与学生之间的维度关系，让学生影响学生，让学生疏通学生，让他们在自我的影响中完成思想教育工作。

在现实的班级中，总有不少各方面都相对突出的学生，这些学生就是构建生生维度的基础。老师可以对这些学生进行有意识的引导，让他们在与相对而言各方面不太好的同学的交往过程中影响之。"手拉手，一帮一"是"中华杯"全国语文课堂大赛一等奖获得者刘铁梅老师创造的一种生生维度构建方式。让一个各方面比较优秀的学生和一个相对落后的学生结成学习、生活等各个方面的对子，形成一个个小集体，然后形成小集体之间的竞争。这样，一个班级的情况就趋于好转了,很少有不和谐的事情出现,学生的思想波动也不大。

学生影响学生,其实是一种利用学生自身形成良好的班级文化氛围,进而影响学生的一种工作方式,是一种比老师直接"教导"更有实效的思想工作方式。

方法还有很多,限于能力,呈现至此。

10　余地让将来没有余地

小学时，堂兄教我语文。寒暑假总是到他家里去借教学参考书，把下一学期将要学习的内容，提前自己琢磨一遍。结果我很早就学会了读书。

曾经对学生说，我上高中以后从来不听语文老师讲课，我的语文成绩也非常好。思来好像跟当初的"启蒙"有关。

教书以后，不少老师埋怨：现在市场上越来越多教材解读的书，使学生什么都知道了，老师没有什么可教的了！

我就假设：为什么我们每个学期订书的时候不给每个学生都订一本教学参考书？倘若真的如此，有些东西不是不用老师讲了吗？这样不是节省了很多时间，提高了效率吗？但现实是没有一个学校这样做。原因是：余地！总要让老师上课有东西教吧。留给学生一些不会的东西，让教师看了教参之后来讲解，这样能体现老师的渊博和存在的价值。

再一种假设：如果教材上本身就有关于文本的解读和学习方法的指导，又会怎样呢？

当然，这两种假设都是不成立的，因为现实不是。但我还是要设想：如果有了以上二者，估计学生自己就能够凭借这个"拐杖"发现贝壳里面的珍珠了，而不是看到贝壳后，必须在老师搬来教参且聒聒噪噪之后才能发现珍珠。或许这样孩子的发现能力、欣赏能力、评价能力和创生能力会早早被开发出来。

与此同时，作为老师，不可能去重复学生早已知晓的东西，因为已经没有了"余地"。教师要讲授出新的东西，就必须进行深入的研究，站在更高更多元的角度去审视教材、引领学生。没有了"余地"，就有了教师的创造力和整个教学的活力。

于是想起了美国普兰蒂斯和霍尔公司出版的教材《文学（八年级）》，每个单元都是以"主动阅读"开始，介绍阅读的策略和学习的方法。例如它的"短篇小说"单元的"主动阅读"部分的介绍为——

阅读短篇小说是个主动的过程，你必须用想象来重新组合故事中发生的事情，并理解其意义。你可以用以下方法来做到这一点。

提问——你在阅读时想到了哪些问题？例如，小说中的人物为什么那样做？事情发生的原因是什么？作者为什么要写某个细节？在阅读过程中，设法找到这些问题的答案。

想象——在脑中想象小说情节所描写的画面，回忆事情发生的经过。在阅读中，随着故事的展开和你对故事的理解的加深，适当地改变画面，用想象帮助你理清混乱部分。

预测——你认为小说会怎样发展？注意寻找可能导致某个结果的线索，在阅读中，你会发现你的预测正确与否。

联想——把你自己的经历和知识带入阅读中，将小说中的人物、场景和生活中的相似的情景相联系。另外，将小说中的一事件和另一事件相联系，看看小说中的这些片段是如何连接为一个整体的。

思考——想一想小说的含义。小说说明了什么问题？你在阅读中经历了什么感情？小说对你认识周围的人和世界有什么帮助。

在阅读本单元小说时，注意运用这些方法，它们有助于你理解和欣赏文学作品。

（柳士镇、洪宗礼主编：《国外语文教材评介》，江苏教育出版社2000年版，第162～164页）

分析这个"主动阅读"介绍时你会发现，原来我们的小说教学就是这样做的，课堂上所设计的问题无非就是这样几种类型和几个问题，不同的是推进流程。可是，人家的教材上已经"告知"了，我们却在教师的带领下孜孜不倦地"去探究""去思考"去浪费时间。

倘若我们的教材如美国的这套教材，很多东西都被告知了，可能我们很多老师都失业了，因为没有存在的必要了。当然可能是很多老师就不配做老师了，因为不知道教什么了。

所以，我的假设不成立，如果成立了，我们老师的创造力、学生的创造力以及整个教学的效率或许都有较大的提高。

11 | 教育的孩子立场

走上街头，总有人对我说，当教师真幸福，为人师表，桃李满天下。每当此刻，我总会心有戚戚然。那两个真实的案例，总是不断地跳动在我的脑海里，敲击着我这颗"为人师表"之心。

案例一是我的一个学生在交流本里写下的一段文字。某天下午我的学生去看他们初中的老师，在昨天的师生交流本中她问：老师，你猜我给我们的初中老师送的什么礼物？我说：猜不出来，这太难了。今天她回复我说：

> 我买了几本《做一个不再瞎忙的班主任》送给我的几个这学期当班主任的教师。然后告诉他们，这书是我现在的班主任写的！

案例二是这样的——

学校有个学生跟家长闹矛盾后离家出走，家长要求学校发校信通给所有的家长，让其他家长帮忙找。班主任也觉得发了校信通尽快找到学生为妙。陈老师说无论如何不能发校信通给家长，孩子离家出走不是什么值得宣扬的事，一个大男生，出去散散心，一会儿就回去了。明天他到了学校，如何面对全校学生的好奇、猜疑、异样的目光？找他就是为了保护他，给他改正错误的机会，而不是要将事情给所有人看。

之后，家长打电话来说找到了，就在自己小区门口。

一天，我"得意洋洋"地把我学生的案例写了出来。但把它贴在某网络论坛，不在于炫耀自己如何，而是想说我的孩子真的很有感恩的心，即使是在现在的班主任面前也依然提及自己去看初中的老师们，这里我没有丝毫的酸味儿，而是为我的孩子感到高兴。更让我高兴的是，她送的礼物很有想法，拿现任班主任的书送给过去的教师。这个选择很有创意，一则我认为孩子表达了对现在班级的热爱，等于告知她初中的老师们"我现在过得很好，你们放心吧"或者"老师们，您为我感到骄傲吧，我进入到了一个好班"。孩子之所以让我猜测，并且隔天才揭示谜底，我能感觉到她为自己的创意感到自豪，她此刻的心理是让我这个班主任分享她的创意和快乐。因为任何一种带有独创性的意念都可以给当事人带来无限的快乐，而让快乐升华或延续的最好途径就是分享。是的，我为我的孩子自豪，也在她的快乐中感受到了快乐。没有别的，这就是一个孩子最单纯的思想。

可是，在我贴出这个故事之后，也出现了隐隐的担忧。一位国内还算小有名气的"专家"分析说：

> 孩子用这种方式送给初中教师礼物，可以表现为三种心理——
> 1. 该生对现任班主任极度崇拜；
> 2. 该生对前任教师很不满，想借此泄愤；
> 3. 该生是暗示前任老师，总是在瞎忙，而不像现在的老师做事有方法。

分析一出，应者云集。有的说"建议对孩子送这种礼物进行干预，这个孩子的心理有些失常，应该借此培养孩子的感恩之心。"；有的说"送礼物可以，但一定要考虑到收礼物的老师的心理感受，这不是变相讽刺初中老师吗？"；有的说"这个孩子心理有问题，建议去看心理医生，否则以后会很可怕。"；有的说"这孩子颇有心计，用尊敬的外衣来掩盖她对老师们的不满。"……

环环相扣的剖析，丝丝缕缕的思索，瞬间把孩子推到了"断头台"。我心中忽然有种很苍凉的感觉，不是因为这些言语是针对我的孩子，而是在于发言者并非"凡人"，是有一定名气的教师。当我们的教育中用自我所谓专业剥去基本的"善"之后，教育会是什么样子？柳咏梅教师说："善，是教育的基础，没有了善，就没有了教育"。陈宇教师说："所有的坏孩子都是教育的产物，而班主任所有的对手都是自我制造。"不才，我也坚守过一句话："如果孩子愿意欺骗，我就愿意选择相信，因为欺骗本身含有着善的因子。"

我不是说分析者不善，而是想表达，我们的孩子真的就那么可怕吗？我们就不能善意地去理解孩子的行为吗？我想到了很多如果——

如果这个孩子被送进了心理医院接受治疗，她的结局会如何？

如果我终止了她这种送书的行为，她的心里会如何想？

如果我告诉孩子"你这种做法是对前任老师的讽刺"，这个世界在她的心里该是怎样的模样？

如果我认为这个孩子是一个有心计的可怕的孩子，她的将来会是怎样？

……

当我们被某个人定位了，从而被打进"冷宫"之后，我们往往就被"废"了；当我们一直被别人赞扬或者鼓励的时候，平凡的人生就不再平常。

这或许就是赏识教育的滥觞。

当我们满怀爱意地去谈论赏识教育的时候，孩子的心灵在您的心里怎么就那么可怕？

我还想过，如果是我接到了孩子送给我的这份礼物，我会怎么想？

如果我真的用"这孩子可能在讽刺报复我"的心态去揣测孩子，我还配当教师吗？如果我不配当教师，还配收到孩子的这份礼物，还配让孩子跑那么大老远来看我吗？

如果我是孩子，当时我会是怎么想？我得去看看我的初中老师了，因为教师节的时候不是周末，我没法去看我的老师。那，我给老师带什么礼物呢？我一定要给老师最有创意的礼物。对，如果带我们班主任的新书给老师多好，我要让我的初中老师分享我在高中的幸福，因为我在一个好班，在一个优秀的老师带领下前进……

孩子的世界，就这么单纯！就这么单纯！就这么单纯！

而单纯的世界里，沾染了成人视角，是多么可怕！

于是，此刻我特别怀恋蒙台梭利，她告诉我们，孩子的世界是唯美的蓝色，他们会自发地趋向于真善美，而成人的世界是白色的，是趋向于假恶丑的。

所以，捍卫孩子，其实就是捍卫真善美。

第二个案例，发生在江阴市南菁中学。

那是一个非常典型的成人立场和孩子立场交织的故事。孩子一旦脱离了视野，就大为慌乱——孩子出事了，必须马上寻找。父母让学校发校信通给学校所有的家长、同学，让他们帮助寻找；班主任也要学校发校信通，要赶快把孩子找到。

是啊，赶快找到，不择手段，这是典型的成人立场。一个怕孩子丢失了出大事，一个怕承担责任要立即找到孩子。

可是，谁想过孩子？

就在昨晚，江阴市的另一所学校的赵教师告诉我：我校一个孩子一节课不见，父母教师报警寻找。结果孩子回来了，大发雷霆，歇斯底里，因为这一场铺天盖地的寻找让他从此在这所学校里无法抬头。

是啊，谁想过孩子？在一个几千人的学校里，校信通一旦发出去，几千个家庭近万人就会在瞬间知道——这个孩子消失了。至于消失的原因，没人愿意去求证，只是满带好意或者恶意地去揣测。

如果真的消失了，这成为一个悬案，成为了一个谜，留在了学校的历史上和每个人的心头。而如果这个孩子如案例中回去了呢？他的周遭全是眼睛和各种各样的神秘不测的心理。孩子，该如何抬起他的头？

一场以爱为名义的寻找，让一个孩子从此成为了另类，成为了别人指点的对象。我不知道在这样一种环境中，孩子，该如何承受？

所有对孩子的伤害，都是以爱的名义。

亲爱的，你何不想想孩子，他在想什么，他为什么会这么做？或许，你会说，那万一孩子真的就消失了呢？是的，这个"万一"是成人的立场。或许，有人说，那万一孩子仅仅是心情郁闷出去走走呢？是的，这个"万一"是孩子立场。

但，教育，是在做什么？

呵护成长，让每个孩子最大限度地成为他自己。而如果呵护成长变成了阻碍成长，你做的还是教育吗？

面对问题，综合调查想想为什么？多往善意的方向想想，然后再做事不难的，为什么要那么急切那么武断那么"不怀好意"地去揣测孩子？

所以，这个案例中阻止了班主任的陈教师，我由衷地为你点赞。因为她相信孩子的善良，相信孩子做的一切都有必然的理由。

是的，孩子回来了，因为没有把事情弄得满城风雨，他依然可以继续自己的生活。而如果满城风雨了，孩子，还会是那个孩子吗？

你也许仍然会说，那万一真的消失了呢？

我不知道，我只知道当我们缺乏了对孩子最基本的善的坚信，便不可能做出善的美好的教育。

站在孩子的立场上，理解孩子，呵护孩子，为孩子的成长搭建无限广阔的舞台，没有哪个孩子会走向丑恶。因为他们在成长，在收获，也在快乐。他们没有理由和空间走向丑恶。

相信孩子，相信善良。坚守大爱，坚守善良。

相对于孩子的单纯与善良，教师的丝丝相扣的逻辑以及逻辑背后的成人思维太可怕了，这个世界哪里还有美好？

一个教育家说过，孩子是所有成人的父亲。

此言肯綮！

12 走开吧，表扬！

写下这个题目，就想了张霞教师的那句话："教育，首先应该取消表扬。"

我想补充的是，教育，首先应该取消公开的表扬，它应该是个体的行为。任何在公开场合的表扬行为，都将是对另一部分孩子心灵的触动，甚至是伤害。

恰巧，今天早晨在新浪看到西安市未央区第一实验小学学生戴绿领巾的相关文字。

"确实没想到，家长会对绿领巾有意见。"昨日，该校冯老师说，设计绿领巾的初衷是对孩子加强教育培养，参考了外地一些学校的做法，也考虑到一些家长的特殊要求，并非有意区分好学生和"差学生"。

冯老师解释，一年级学生不是全部同时加入少先队，一般分成两个学期完成。优秀上进的孩子肯定属于第一批，学习、思想品德表现稍差的学生没有红领巾，一些家长曾提出孩子回家不高兴，希望教师能考虑其他变通方法帮助教育。"绿领巾的含义，就是告诉他加油努力，下次争取戴上红领巾。"

据介绍，学校委托制作红领巾的厂家，设计了同样大小的绿领巾，10月14日发放给没有入队的学生。学校九十多名一年级学生中，约有一半人都佩戴绿领巾。学校相关负责人称，作为一种教育探索，这种做法还没向上级部门汇报过，学校把这部分学生称为"苗苗少先队"，对佩戴绿领巾的要求和红领巾一样。如果有家长觉得不合适，教师可以考虑和家长协商寻找妥善的解决办法，不给孩子造成影响。

而这则报道的评论中说：

> 西安市教育学会会长许建国认为，佩戴红领巾是一项严肃神圣的行为，尽管佩戴绿领巾的出发点是激励孩子成长，但红领巾、绿领巾都在校园内出现，不利于孩子对红领巾的认知与尊重。绿领巾虽不是"差生"的标识，客观上已变相给孩子划分了等次，这容易让孩子幼小的心灵产生自卑感，不利于心理健康。

我明白，让孩子们戴绿领巾确实是一种变相划分等次的行为，容易让孩子幼小的心灵产生自卑感，不利于心理健康。但是按照我们小学生通常的做法，一年级学生不能全部同时加入少先队，一般分两个学期完成。那么在第一个学期戴不上红领巾的孩子，不也在被直接划分了等次了吗？倘若第一实小的做法不人道的话，那么让一部分孩子带不上红领巾简直就是不人性了，毕竟第一实小还在用绿领巾鼓励着失落的孩子。

当然，如果让所有的孩子同时戴上红领巾，那么这个红领巾也就失去了它的价值，因为都表扬就等于都不表扬。可是看看我们每个小学，一年级以上的孩子，哪一个班级不是人人戴红领巾？为什么非要让刚进入小学的孩子再承担批次的痛苦呢？

倘如此，红领巾，不要也罢！

这里其实不是错的行为，根本原因为红领巾的显性呈现上。倘若将某种表扬隐性地赋予某一个人，那么这孩子是可以得到某种力量的。任何一种显性的表扬都将是对旁观者的不利影响。成人或许可以看透"名利",而小孩子是很难放弃他们的"神圣梦想"的。正如我们一直在提倡赏识教育的时候,何尝顾及过未被赏识的孩子,他们的心里在想着什么?你的表扬既然目的是鼓励"这一个",你就针对"这一个"好了,为什么要"牺牲大多数"呢?

恰巧某周回家,女儿说:"爸爸,我们很多小同学都戴上了红领巾,我没有。"

"不是人人都有吗?你怎么没有。"我奇怪地问女儿,因为我看到的小学生都戴着红领巾的。

"我表现不好。"女儿的表情有些失落。

我忽然想起来刚开学不久她的班主任发来的一条短信"孩子的拼音有些落后,请在家里做好孩子的辅导工作,以便赶上优秀的孩子。"我当时就火气冲天:"才进入小学几天啊,您就能看出来谁优秀谁不优秀!!!"

于是,我对女儿说:"傻孩子,爸爸小时候一次红领巾都没戴过,我的小同学很多都是戴红领巾的,结果呢,你爸爸考上了大学,他们都没有考上。知道为什么吗?"

女儿摇了摇头,有些不理解。

"因为他们戴了红领巾就以为自己是优秀的,就会骄傲,一骄傲成绩就下来了。爸爸呢,非常刻苦地学习,只有认真学习的孩子才是最优秀的孩子。爸爸每天看到你的作业都很认真,我觉得你一定是个优秀的孩子。"

今天对着这篇报道,我有种想哭的冲动。在记者对绿领巾表示质疑的时候,他没有提出这种红领巾的存在,更是大的伤害。

一个人的成功,是不应该踩着千万人倒下的尸体上的。

何时,我们的教育能多一点人道啊!

表扬,还是请你走开吧,至少从公开的场合走开。

13　是谁引来了狼

记不清是哪天了，听了一节小学语文公开课，讲的是寓言故事——《狼来了》。

上课的情景早已消失殆尽，但记得老师告诉孩子们的那句"这则寓言告诉我们'一个经常说谎的孩子，即使他偶尔讲了一次真话，别人也不会相信他'。"时至今日，我内心仍有种说不出的难受。不为教师，因为教材上是这么说的。我的震撼在于，谁才是真正把狼引来的人？

我不是一个善于煽情的人，但我绝对不想去想象当狼向孩子扑去的时候孩子那苍白的脸和那撕心裂肺的惊叫以及不断抽搐的灵魂，更不想去想象当孩子生命消失的一刹那，他对于那些"大人"的"恨"。因为，一个惊惧惨死的画面会令人心血流淌，会让成人卑微的灵魂更卑微。

先肯定一个基本事实：主人公是一个孩子，孩子！

我们再做几点设想。

假如孩子第一次喊"狼来了"的时候，当大人或者家长发现孩子是在撒谎的时候，他们中如果有一个人告诫或者是批评了孩子，告诉他说谎是不对的，或许孩子就改变了，就不会有以后的继续撒谎了。因为"狼来了"是一个关乎生命的事情，是一个开不得玩笑、撒不得谎的事情。或者就如我们的教师现在告诉我们孩子的一样，要做一个诚实的孩子，或许悲剧就不会产生了。但有吗？或许没有！但，上帝是讲究宽容的，我们不应该以恶意的心态来揣测，是孩子的劣根性导致他没有接受大人们善意的劝导。

　　假如第二次、第三次、第 N 次，仍然如第一次的结果。或许家长已经失去了耐心——这孩子屡教不改！谁都知道，没有缺陷的不是孩子，而是天使！既然他们是孩子，任何做家长的做教师的都不应该有放弃的念头！还是给一点宽容的理解吧：家长等所有人是有耐心的，但在家长还没有给予足够耐心的时候，还没有把孩子引导到正途的时候，悲剧就发生了，再有耐心的家长也无能为力了，这样，或许家长就心安了！

　　假如孩子真的是屡教不改。上面我们说过，"狼来了"是一个开不得的玩笑撒不得的谎。因为它关乎生命，因为它可能是极大的灾难。既然事情如此重大，家长或者其他大人，为什么不"宁可信其有，不可信其无"？毕竟他是一个孩子。何况狼的到来与否和孩子呐喊的声音能是一致的吗？绝对不是啊！在被欺骗的屈辱和血淋淋的灾难面前，难道所谓的屈辱真的如此重要吗？在这些家长和成人的眼里，有形的生命和无形的"尊严""屈辱"相比较是多么微不足道！哪怕是一个人相信了孩子，或许悲剧就不会发生！

　　我们已经尽最大的宽容在揣度家长与成人了，但我还是不能理解和原谅这些人。更可气的是，当悲剧发生之后，没有一个成人来承担责任，哪怕是丝毫的忏悔，而是把责任推到了一个孩子身上。几百年，上千年了，一直如此：让一个或许最无辜的灵魂去背负沉重的十字架，成人却心安理得，甚至还有些愤愤不平！更让人不能理解的是，我们还将这种卑鄙的认识灌输给下一代，让新一代的孩子再去遭责那个可怜的灵魂!

人道何在,于心何安!

记起了"芒山盗人"的故事:

> 北宋宣和间,芒山有盗临刑,母亲与之诀。盗对母云:"愿如儿时一吮母乳,死且无憾。"母与之乳,盗啮断乳头,流血满地,母死。刑者曰:"尔何毒耶?"盗因告刑者曰:"吾少时,盗一菜一薪,吾母见而喜之,以至不检,遂有今日。故恨杀之。"

悲夫!叹夫!当母亲临死前撕心裂肺的哀号穿越千古的时候,盗人"恨杀之"的声音更是震撼着每个人的心!

"教子婴孩"!尊敬的大人们,你们认真"教子"了吗?

第二辑

从 0 到 1 的辩证

如何从教育的无效中突围,逐渐构建起切实有效的教育大厦?这是很多教师的困惑。看似平常的教育行为中隐藏着复杂的教育密码。如何拨开云雾见教育?这里,有你寻求的答案。

01　凡事都需要有前提

一天，广东东莞一老师对我说："梅老师，学习你的小组合作教学失败了。"

"对不起，应该说是您的小组合作失败了，而不是我的，因为您根本没有问过我这套做法的前提是什么。"

很多朋友都奇怪，听某专家讲课头头是道，但自己回去一实践，总是苦不堪言。于是不解，于是否定。殊不知，凡事，都需要有前提。

那么，作为一个普通班主任，带班的前提是什么？

美好！每个孩子的美好！

时下很多班主任走进教室往往会发现问题，然后把自己发现的问题及时地反馈给班级里的每一个孩子。其实，很少有人想过，当我们每天被告知自己问题重重的时候，未来，我们会是怎样的人？如果一个班级被班主任每天告知问题重重的时候，这个班级可能成为一个好的班级吗？答案不言而喻。这个最简单的道理大家都懂，可是在做的时候我们往往走在了"已知"的反向。难怪有企业家说："世界上最遥远的距离不是飞鸟与游鱼的距离，而是从头到脚的距离。"

深信人性的美好和每个灵魂的美好，这是班主任带班的基本前提之一，也是构建"让别人因我而幸福"班级的重要条件之一。

于是，开学第一天，我就开始盯着那些让人感动的细节。

发纪律手册的时候，不少孩子从我手里接过手册时都会说声"谢谢"。于是我在发完手册后就说——

我今天很感动，这份感动让我感到同学们是有素质的，因为很多同学从我手里接过手册的时候不忘记说声"谢谢"。什么叫素质？素质不是高大上的存在，而是生活中的每个细节。说实话，这些细节告诉我，和你们在一起会很幸福。但愿我们的生活中多一些"谢谢"，多一些素质。

不能说所有的孩子都会因这段话而提高素质，但我相信，这段话会让更多的孩子说声"谢谢"。

印证猜想的是第二天的发书事件，因为一下子要发 53 本书。当所有的孩子都把书抱到教室里的时候，教室里乱七八糟的，一地都是书。此时，如果一个班主任亲自做事就会失去锻炼学生的机会，如果一个班主任指定人来做事是不利于发现构建"幸福"需要的典型的。让学生动起来的前提是班主任一定要少动。于是我说了句："我不信 36 个同学不能把书发下去！"然后走到了走廊上。

这时我见几个女生开始把书按照一定的顺序分类，我看到了一个叫文的姑娘悄悄地剪断了捆扎书的塑料绳索，我看到了一个叫宇的孩子在逐一登记书的名字，我看到了一群姑娘怀抱着一摞摞的书走向每一个课桌……书发放结束之后，那个叫宇的孩子说："现在我来读书的名字，大家对照看看自己是不是缺少。"在他一个个书名的说报中，我感到了这个孩子的细心。书，就这么发完了。

当老师用发现的眼睛去寻找美好的时候，美好就会源源不断。而当一个老师进入班级只是盯着学生的毛病的时候，那么学生的毛病就会不断。教育的正能量会带来正能量，而负能量自然也会带来负的效果。陈宇老师说,"所有的对手都是班主任自己培养的结果",同样,一个让班主任面对的棘手的班级往往也是班主任培养的结果。

自然,我会不失时机地对这些现象进行表扬,更表扬了发完书后默默打扫垃圾,并且用手抱着垃圾(当时没有领取卫生工具)送到大垃圾场的两个同学。

我问我的学生:"你们希望被人管吗?"

"不希望!"

"你们希望制定很多条目的班规呢,还是没有班规呢?"

"没有班规!"孩子们很兴奋。

"那好,我们不用班规。我姑且相信你们,我倒想看看谁会是我们班第一个犯错的人,大家也替我睁大眼睛观察。还有,我不安排值日生打扫卫生,我看有没有人打扫;门窗水电我不安排人关,我看有没有人做;各种操没人带,我看会不会做得比别的班好……"

真的,谁都想不到的是,各项工作竟然是有条不紊。教室里干干净净,每节课黑板被擦得干干净净……甚至每节课的起立都是班上所有孩子一起喊的。

始终觉得,教育学生最好的方式不是讲述道理也不是讲述故事,而是展示身边最鲜活的实例。

接下来,另一件让我感动的事情出现了。那是周五,不知道是谁的提议,班级所有的孩子做了大扫除。走读生从家里带来了抹布、洗涤剂以及擦玻璃用的专业工具。周一的早晨,我走进教室的时候,忽然发现教室洁净无比,窗帘也被洗得干干净净。真的,若说原来的"感动"有"技术"的成分,这次的感动则没有任何杂质。

"我不知道该说什么,真的不知道。在这个人越来越自私的年代里,你们让我看到了什么是真正的健康的和谐的灵魂。感谢你们,我因你们而感到幸福！"

没有掌声，整个教室里静悄悄的。我知道，这种静悄悄的背后是每个人内心的波澜起伏。

为了更好地和孩子们进行灵魂的碰撞，我开始和孩子们进行书面的"小本"交流。我始终觉得，在和孩子们进行灵魂碰撞的途径中，没有一种载体可以超越"小本"。在和孩子们的交流中我的世界丰盈而幸福，孩子们流露出的很多困惑也被我化解，自然那一个个奉献的灵魂也被我进一步地激发着。

啸告诉我，"在很多同学都在为班级尽心竭智的时候，总是有少数人每天坐享其成，对这些人一定要严格管理。"

我回复——"孩子，如果太阳照在了大树的身上，在大树沐浴阳光的时候会不会也有阴影出现呢？我们不可能要求每个人都纯净，但我们要相信当太阳转移的时候，影子也会转变方向。即使不能如此也要相信冬天树叶稀少的时候，阳光的领地就会扩大。坚信人性的美好，坚信未来的美好。做好我们自己，他们就一定会改变，请相信本身的美好力量。"

晓在"小本"里写道："景今天早早地来到教室，在每个同学的桌子上放了一张醒神卡，只有我一个人看到了，她不让我说，我真的为她感动。"

我回复——"我一直坚信，走得最远的不是能力，而是一个人的品德。有这样的人是我们班级的幸福，你能为她感动，我同样相信你也是这样的人，因为只有美好的灵魂才能发现灵魂的美好。"

接着，我宣布了第一项政策：称呼的改革——同学们之间的相互称呼，不允许连名带姓地称呼，三个或三个字以上的名字，只称呼名；两个的可以姓名一起称呼。例如：吴雅文，就称呼雅文；钱嘉仪，只称呼嘉仪；而陈翀，就可以直接叫陈翀。

称呼，一个简单的变化，拉近了人与人之间的情感。一个相互亲近的家庭式的班级，不是用"我们要像一家人一样"的要求就可以做到的，她需要点滴细节的铺垫。

永远不要相信几个动作就可以改变学生风气的说法，但要永远相信给完全破碎的窗户补上一块玻璃就可以遮风挡雨。班级的美好和正能量的发展延伸，自然会让"丑恶"遁形，自然不美好的因素会逐渐滑向角落。

当班主任盯住美好并将美好不断强化在孩子们的心头的时候，孩子稳定的内在心理结构会因为持续不断的影响而逐渐得到改变，关键在于这种影响是持续不断的。

当我的班级逐渐被这种温暖、包容、奉献占据的时候，班级活动的开展就具备了前提条件。在这个前提下，班级的分组、合作等工作才可能顺利。

一如本文开头东莞的朋友，在没有构建前提的基础上就开始给学生分组，给学生讲合作和竞争，不失败才是意外的事了。

那么，真的在发现美好、宣传美好的时候不会出现"丑恶"吗？不会，但一个优秀的班主任是懂得如何把不美好转化为美好的，是懂得如何把负能量转化为正能量的。

凡事，都没那么容易复制，都是在一定前提条件下实施的；相信人性的美好，是实施教育最根本的前提。

02 什么是真正的教育管理

什么是真正的教育管理？或许这不应是可以谈论的话题。尤其是对学校的领导者来说。

从校长的位置上下来做了一个普通小老师之后，莫名其妙地对这个问题进行了思考。

先说说制度。

制度是风俗习惯的规章化结果，民间化的是风俗习惯，群体化的是规章制度，政治化的则是宪法和法律。制度的出现是约束与反约束这一对矛盾纠结成的结果，也是为调和矛盾而产生的。

先圣孔子的核心学说是"仁"和"礼"，其实通俗地说，他的"礼"就是一种规范和制度。张恨水先生在《上下古今谈·敬以一言告同胞》中说："老谈正义而无力量，耶稣便死在十字架上。"这里的"力量"其实就是具有约束力的制度。

由此可见，在中国，对制度的崇拜是早已有之。于是"不以规矩，不成方圆"就被我们奉为圭臬，于漫长的五千年历史中绵延不绝。而让人感到可笑的是，综观中国历史，却几乎没有一套完备的法律制度体系，制度和法律是因朝代和人的喜好而改变的。个人自由化地支配本应客观存在的制度，这是制度本身的悖论。随着近现代工业的发展，制度相对完备起来，个人自由化地支配客观制度的现象减少了。但是也出现另外一种极端：制度崇拜。"制度如此""对事不对人"，成了管理者最流行的用语和推卸责任的最好的借口。

其实，制度和法律、监狱、国家等一样，是暴力的体现，是一种暴力对另一种行为的约束手段。

茨威格在剧本《逃向苍天》中借托尔斯泰之口说："任何一种暴力不可避免地会再产生暴力。"在教育管理领域，对这种"暴力"的使用是应该谨慎的。因为教育制度很少是经过严格论证的，大多是"土政策""土法律"，和教育管理者的个人素养和理念有很大的关联。所以在我们执行教育管理政策的时候，首先要考虑的问题应是其科学性。倘若管理理念是滞后的，无论自认为有多么完美，它本身的客观存在都是不足的。如果推行这种制度，要么是怨声载道，要么是学校的滑坡。即使管理制度是科学的，假如我们的教育管理者动不动用制定的制度来检查教师的情况，例如备课、作业等，把制度作为强制力的存在，认为管理就是对教师的管制和约束，但事实上无论管理者执行制度时有多巧妙，总会有"逆反"存在。教育是人格塑造人格的行为，教育管理者不可能用强化的制度来泯灭教师的个性。倘如此，那不是教育的和谐，恰恰是教育的悲哀。孔子曰："慎而无礼则葸。"一种强化的制度下塑建出来的"谨慎而懦弱"的教师是不足以完成培养人、发展人和造就人的教育使命的。

这里有一个教师对制度的抗拒问题，也是一个制度不能"强制执行"的问题，虽然并非全部教师都抗拒。

同任何法律、制度一样，这些东西存在的最终目的是它最终被内化，但这需要一个过程。在这个过程中，追求教育管理效果的最优化是一种必然的选择。

前几天，曾与吉林省某中学的校长进行过这样一段对话：

"您觉得如何做好一个管理者？"

他说："首先要有一个制度，制度是保证。"

"那你可能不是一个好的管理者。"我追问，"那么制度何来？"

"我会与教师一起制定制度，这样大家都能够接受，在共同'契约'的基础上，就可以达到教育的和谐。"

因为比较熟识，所以当时我很不客气地说："你的做法有两种可能，一种是用教师自己制定的制度来管理，是教师自己的'请君入瓮'式的卑鄙；另一种是真正的人文化的体现，但不一定是真正的人文化……"

倘若真的是后者的话，则涉及了教育管理的另一个问题——人文。接下来说说人文。

21世纪的今天，几乎每一个领导都在讲人文，在讲以人为本。但是对于什么是人文，从来就没有一个统一的答案。在自由民主的、马克思列宁主义的和新教或天主教的思想学派中都有人文主义的派别。甚至古罗马的时候就已经有今天可以被称为人文主义的思想流式。那时的人文主义当然与文艺复兴或启蒙运动的人文主义非常不一样。歌德和席勒的人文主义往往被称为历史主义，而威廉·冯·洪堡的人文主义则与启蒙运动的人文主义完全不同。文艺复兴时期哲学被看作思想的根本，而在洪堡时期科学被看作思想的根本。所以人人都认为的人文，也许并不一定是人文。（尽管，人文主义作为一种哲学理论和一种世界观，有相对一致的主张。人文主义以人，尤其是个人的兴趣、价值观和尊严作为出发点。）所以人文也就在一定程度上是个性化和行业化的人文。正如上文所谈到的，我们很多人认为的人文"可能是人文的"。

教师也是人，而且与其他人类群体相比较，有自身的特点。首先他们是有一定的认知水平和人格个性的，相对而言具有一定的物质基础。在这样的前提下，按照人文主义的主张，我们如果要以人，以个人的兴趣、价值观和尊严作为出发点的话就有很多并不十分适合的地方。我们就需要根据这个行业的个性特点来界定我们的人文。

美国心理学家马斯洛（Abraham H Maslow，1908—1970），1943年在《人的动机理论》一文中提出了"基本需要层次论"（Hierachy of Needs Theory）。他认为人有五种基本需要，依次构成需要的层次。其心理学理论核心是人通过"自我实现"，满足多层次的需要系统，达到"高峰体验"，重新找回被技术排斥的人的价值，实现人格完美。他认为人作为一个有机整体，具有多种动机和需要，包括生理需要、安全需要、归属和爱的需要、自尊需要和自我实现需要。其中自我实现的需要是超越性的，追求真、善、美，将最终导向完美人格的塑造，高峰体验代表了人的这种最佳状态。同时，在马克思主义人权主义观看来，人最基本的权利是生存权和发展权。结合二者和教师的特点，我们可以发现，马斯洛的生理需要对于教育管理者来说，基本上是无法触及的。而他的安全需要、归属和爱的需要在一定程度上是可以合二为一的，同时他的自尊需要和自我实现需要在一定程度上也是可以合并的。

这样我们就可以得出基本的结论：教师的根本的需要是安全的需要和发展的需要。教育管理者要讲究真正的人文，必须从给教师提供安全的工作环境和宽松广阔的发展空间入手。只有这样才做到了真正的管理的人文。

安全是任何一种行业里职工的最基本的要求。如果一个人连最基本的安全感都没有，他是很难把全部的精力投入到工作中去的。当然，这种说法或许有些绝对，在激烈竞争的工作环境当中，人的潜能也有发挥到极致的可能。这种"极致"的获得是以精神的极度紧张和肉体的疲劳为代价的。人的存在不是西西弗斯的苦难存在，人生的本质应该是快乐而幸福的。没有幸福的人生是没有意义的人生。教育管理的目的之一是共营幸福，营造学校前景的幸福、教师的生活幸福以及学生发展的幸福。所以用一种强化的竞争，甚至是"后位淘汰"的方式来激发员工的潜能是21世纪制度物质化的法西斯管理，而合作共赢则是越来越多的管理者的共识。

西方企业对员工很少采取"淘汰"的方式，他们注意对自己员工的培养，尤其是对"后进"员工的培养。这种企业员工培训的益处有三点：一是避免了因员工流动而产生的适应的"阵痛"；二是员工有稳定的心理；三是员工对单位有感恩的心理。而这三者恰恰是保证企业平稳顺利运行所需要的。

安全感和稳定感是每位教师的基本需求，也是他们静心、努力工作的基本前提。

一个躺在土坑里仰望天空的人，无疑是行尸走肉。教师是一种需要不断发展不断追求的行业，满足于现状的教师是不会有发展前景的。因此，教育的管理不是管、查、督促，而是激发教师的发展欲望，创造良好的发展氛围，提供宽松的环境、无限的可能、强力的支持等，让每一位教师都获得发展的可能，获得成功的喜悦，进而发挥自己的才智，挖掘自己的潜能！这样的管理才是真正的人文，才是真正地成全人、发展人。

但"教育人文"的实施需要"真正"的领导，在他（们）的带领下，学校才能发展事业，教师才能发展自己。

谈到领导，首先要明白的是：什么是领导。

光明的老总王佳芬说："领导就是影响力。"

西点军校对领导的定义是能够明确组织目标并教导和激励下属进而实现组织的目标的人。

通用电气 GE 公司对企业领导人有 4E 要求。第一是要有对付急剧变化节奏的、充沛的"精力"（energy）；第二是能"激发活力"，就是要有能力使机构兴奋起来，能激励鼓动人们去采取行动（energize）；第三要有"锋芒"，要有自信去面对棘手的问题，敢于说"是"或"不是"，而不要说"也许"（edge）；第四就是要"实施"，即永远都要兑现承诺，不断将远见变为实绩的能力，决不让人失望（execute）。

进行归纳的话，我们会发现他们的共同点就是激发和引领。不错，领导的基本作用就是激发和引领。

我没有查过"领导"的原始含义，单从字面来解释的话，其实就是"领"和"导"。"领"是在一个单位起到引领作用，引领一个单位的员工团结协作，发奋进取；而"导"就是具有前瞻的视野，带领员工或者企业向新的目标迈进。可是，我们中国的官僚历史太长了，官僚主义的作风严重阻碍了领导者们审视真实"领导"的视线。一直以来，我们的领导在做的是下面的事情——

1. 命令下达。动不动就是命令，就是必须执行，反正老子是领导。正如多年媳妇熬成的婆婆，自己可以有发号施令的机会和能力了，不能白费。这是封建体系恶化的原因，当然也在影响着当今的某些管理者。

2. 各项工作检查。做这些事情的主要是中层领导。他们认为自己的工作就是把上面的"命令"传达下去，然后在下面发号施令，或者是严格监督下级成员的执行情况。这种领导可以说是随处可见。

有位著名的企业家说过"制度是绝情的，领导是有情的"。倘若在以上领导的领导下，则制度没有了情，领导也没有了情。制度没有情，怨声载道，矛盾满天飞；领导没有情，人心涣散，单位没活力。这样下去，单位何以发展？

教育管理也一样，它必须符合"领导"的真正含义的——激发和引领。领导要纠正一种思想，做好一件事情。

要纠正的一种思想是，你的工作不是"管"（管制下属），也不是"理"（理顺上下命令的执行通道），而是激发。

孔子的全部学说集中起来其实就是两个字——礼、仁。如果把它们简单化理解的话，礼就是各种规章制度，而仁就是通过一系列方式方法让人自觉遵守。尽管生不逢时的孔子失败了，但他的思想影响中国两千多年，也值得我们深思。

于是，教育的管理者要做好的一件事就是思考如何施"仁"，如何去激发每个教师工作和学习的积极性。

老子有三件宝：一曰慈，二曰俭，三曰不敢为天下先。"慈"是以人为本；"俭"是勤俭奋斗；"不敢为天下先"是要老老实实学习，把企业办成学习型的团队，最终才能为天下先。这是一个启示：要引领每一个教师去学习。

"无事生非"的含义是没有事情做才会有各种各样的是非，倘若每个教师都把精力放在钻研业务、提高业务上，恐怕是非就少了许多，单位就团结了许多。因为学习需要合作，合作就是交往，交往多了，彼此自然就和谐和团结了。

这里就有了一个问题：他们不学习怎么办？

摩托罗拉中国电子公司的人才观里有这样两条：合理满足人们提升晋级的愿望，为人才发挥才能创造有序的宽松的环境。对于教育管理来说，就相当于我们上篇分析的教育管理人文的两个要素：安全需求和发展需求。这里有了第二个启示：让人人都有成功的可能。

成功是引导一个人进取的最基本的动力，激发了教师成功的欲望，自然教师就有可能成功。记得干国祥老师，出名前的两年，就是一个乡镇中学的默默无闻的教师，仅仅是两年的坚持上教育论坛和别人交流、阅读了大量的书籍，就成为了教育界响当当的人物。领导只要向老师讲清这样一个道理，恐怕老师的成功欲望就被激发了。

一个学校对教师要求的核心是什么呢？团结的教师集体，专业化、专家化的教师队伍。倘若真的实现了以上两点的"化"，或许实现学校的教育管理是有希望的。

当然，对于一个学校的长远发展来说，这些还不够。我们还面临两个问题：一是研究型的教师队伍研究的东西是否正确；二是让如何能让教师持之以恒地去研究。这里就要谈另外一个重点：引领。

这里我想结合孔子的一句话来说明。孔子曰："仕而优则学，学而优则仕。"也就是说一个做领导的人必须是"学优"的人，同时做了领导之后（孔子认为即使是做了好领导之后）还要"学"。

"学而优"就是说我们的教育的领导者必须是一个专业素养很高的人，至少在自己所管理的圈子里被认为是"专家"。只有如此，你所说的话才能被人信服和听从。有人说"领导的过程，就是争取追随者的过程"。其实，这是有道理的。记得山东现代教育集团的前总裁陈庆军先生是著名的教育家，他每周五的下午都会给他的教师做一场关于教育的报告，对教师进行引导和培训。他的教师们特别爱学习和思考，也取得了相当大的成绩。当然，陈先生对老师影响最大的地方是他孜孜不倦地学习和思考。这样的一个"专家"型的领导起两个作用：一个是树立了教师学习的榜样，激发了教师的动力；一个是可以在一定程度上保证研究的正确性。

"优而学"就是说领导者不要满足自己的所得，必须不断地学习和思考，必须在更高处从全局审视自己所走的路，同时必须具有敏锐的捕捉事物发展动向的能力。这是一个单位前行的必然的基础。一个没有战略眼光的领导是不会把自己的单位引导到良好的发展道路上的。只有领导者学习了、思考了、把握了，才能更好地去带领你的员工站在前沿，走得更好。也才能真正地让你的员工实现自我的价值，实现自己的成功梦想，当然也成就着管理者自己。

有了"学而优"的"仕"和"仕而优"的"学"，校长既可以带领教师们投身研究，又可以保证学校发展的先进性，两者是相辅相成的。

诚然，一个好的领导还需要魄力、道德等方面的素养，那不是我要谈的东西，故而不谈。

韩非说："下君，尽己之能；中君，尽人之力；上君，尽人之智。"教育的管理其实就是以己之智把人之智集中到一处。

03 对自主化管理的辩证思考

一著名教育学者说:"教育将有三个时代推进:证伪时代、科学时代和生长时代。辩证伪教育的实质,树立科学的教育观念,落实本体生长的课程。"深以为然。

教育,如果不是建立在教育本质应有的基础上,不是建立在科学的基础上,后果往往是可怕的。对很多教育行为需要辩证思考之后,才能看清楚其实质,从而找到工作的发力点,并在此基础上有效地开展工作,最终让学生成为生长的本体。基于此,针对学生自主化管理,我试谈几个问题,以求指导。

首先是对自主化管理的实质辩证。自主化管理,不是一个陌生的概念,从魏书生到李镇西到郑学志等等,几乎每代优秀教师都会提倡。可是,我观察下来,发现自主化管理总是和班规交织在一起。所谓的自主化管理就是首先将制定班规的权力交给学生,让孩子们自主制定班规,然后成立班委会引导孩子们自主执行,而教师则可以高高在上做"太上皇"。

表象是自主,而实质是管理!

诚然,我们知道,教育的本质不是管理,而是培养学生,让学生在一种相对温暖的环境中有存在感,有发展的机会,有发展的动力。这种以管理为目的的"自主"不考虑教育的实质,或者说根本就不明白管理的目的是什么，只是为管理而管理，为让孩子们听话守纪而管理，且是视孩子的越遵守纪律越成功的管理。曾看到过某知名班主任专家在自己班上让孩子们自主制定的108条班规。实在难以想象，在108条线织成的网中，孩子们能获得多大的自由发展空间？且由于实施管理的孩子缺乏管理理念和应有的管理智慧，从而使管理流于简单粗暴。事实上这是不利于孩子发展的，遑论给孩子们自由空间。

愚以为，自主管理的实质不应是管理，而是自主——自主发展的环境、自主发展的平台、自主发展的动力，并最终让学生获得自主发展的能力。所谓自主发展的能力就是一个人在脱离教师引领之后依然能够发展自我的可持续发展力。可持续发展力才是自主管理的实质。

而这个实质无关班规，只关成长。

或许有人说，没有班规的班级能发展吗？孩子们能获得可持续发展力吗？这就关涉笔者意欲交流的第二个话题——自主管理的发力点。

一直以来，自主管理的发力点被视为班规的执行。如果班规是河道，执行往往就是河岸。当河水冲垮了河岸，执行新河岸功能的往往是堵，而班规的执行就是在做堵的工作。

数千年前，大禹治水就告诫我们：堵不如疏。或许先哲的语音已经远逝，数千年后的教师们又开始了堵的工作。在自主管理形式下，班级真的风平浪静了吗？（且不谈学生的发展，因为管得越死，发展就越渺——发展是需要自由的。）没有！自然，堵不是自主管理的发力点，班规的执行不应该是自主管理的发力点。

发力点在何处？

活动！

中国有个词——无事生非。让一个孩子一个班级不生非的最好途径是让孩子们有事可做。正如在荒地上种满了庄稼，杂草就不生长一样，如果在孩子的心灵上种满了庄稼，孩子们也将不再无事违纪。何况，做事是发展能力的最好途径，而有创意地做事则是培养人综合能力的最佳途径。

因此，自主管理的班级，就是能够让孩子们自主地设计活动，自主地、有创意地开展各种各样的活动。在各种各样有意义的活动中，孩子们的能力才能得到锻炼，从而感受到班级的温度，爱上班级，爱上学校；也会因爱班爱校而爱上学习。因为在活动中，每个人都得到不同程度的展示，得到不同程度的赞许。孩子们不学习的根本原因是没有尊严感，一个不断得到别人赞许的孩子，就会不断获得自豪感，长期积累的自豪感就是一个人的尊严。对于任何一个有尊严的孩子来说，他们都会有维护尊严的动力。一个拥有维护尊严动力的孩子，难道不知道分数、成绩对他们来说意味着什么？

一直以为，分数是教育的副产品，活动才是教育的主旋律。

一个开始就盯着分数的教育者，或许会获得一时的成绩胜利，但最终往往会失去发展孩子未来的机会。正如近年来广为流传的那句广告语：孩子不输在起跑线上，往往输在终点。

关键是如何活动？怎样做活动才有效？

树立起活动的课程意识！

强调"课程意识"是说教师对班级活动主题要有系列化的思考，"系统"和"序列"是思考的两个着力点，这是教师带班成功与否的关键。

心理学上讲，任何人内在的心理结构都是在7岁之前形成的，也就是说人的个性、思维方式、行为习惯等绝大部分是在这个阶段形成的。现实教育活动中教师对学生的每一次教育都是对孩子心理表层所作的一次调节而已。这种表层的调节带有瞬时性，因为内在心理结构具有很强的稳定性，它有强大的反调节能力，这种反调节能力决定了一次性教育的效果是短暂的、表层的，它不能真正改变一个人的内心。改变一个人的科学方式就是在心理表层上做同方向的、持续不断的影响。把表层心理作以强化的拉伸才会影响到心理结构的内在稳定性，从而达到改变人教育人的目的。带班系统就是实现这一目的的科学路径。

一个以"管理"为最终落脚点的教师，虽然可以做出很多有创意的活动，例如班级集体生日会、感动班级人物评选……但是这些片状的活动本身无论多么精美，都是独立的个体存在，一次活动的效果仅仅是对学生的表层心理作了一次短暂的调节而已，无论活动本身多么生动，都无法真正影响到其内在心理结构的稳定性，时间会让"这一次"片状活动的教育效果消解掉。所以，自主化管理的班级活动，必须是成系统的课程化活动，只有系统化课程化的活动，才能真正实现教育的有效。

愚以为辩证了自主管理的本质，找到了工作的着力点，并树立起科学的课程意识，才找到了学生自主化管理的正确路径，才算真正找到了"让每个孩子最大化地成为他自己"的教育本质，这样的自主化管理才有了教育本质上的意义。

04 理想师生关系的本质是生生关系

写作本文之前,我试图列举几个师生冲突的案例作为引子。但是,当我搜索"师生冲突"这一关键词时,结果让我触目惊心:从云南鲁甸到河南潢川到安徽怀远到……我无法一一列举,因为类似的师生冲突太多太多了。

我们不禁要问,师生为什么会产生如此多的冲突?当我再去搜索时,心里突然有一种凉凉的感觉,因为大多数矛头指向了教育本身,指向了师德。心凉的原因是这些指向并没有找到问题的根本原因,却让太多的无辜者受伤。

这里我们分析冲突的表象及其根本原因——

姑且不去考虑方式是否正确,师生冲突最直接的原因往往是管和被管的冲突。作为教师,对学生要进行管理:从学习状态到作业上交,从纪律遵守到"案件"处理……作为学生,看老师不顺眼:管得太多,统得太死,处事不公……

所以,教师看学生不乖,学生看教师不顺,而且这种情态有愈演愈烈之势,自然师生冲突也就有愈加严峻之势了。

我们再去追问:什么导致了学生不爱学习,什么导致了学生违纪变多,什么导致了学生厌烦老师……如果我们再去对照学生看老师不顺眼的表现似乎就发现了问题的症结。是的,教师输在了一个"管"

字上，这个"管"无关能力，无关师德，无关师道尊严，更无关社会的其他，只关教育的理念。学生不爱学习，教师最直接的想法就是"我要管"，对违纪也如此，却很少去思考"为什么学生越来越不爱学习？""为什么学生会违纪？"这些根本的问题是师生冲突无解的命题。

回到"理想的师生关系"这个命题上来。针对这个命题，很多人关注的是"关系"，试图探讨构建怎样的"关系"才能实现教育的理想，于是"庖丁式"的走近学生走进学生内心，"心理师式"的全程关照，"平等民主式"的相互尊重等等关系模式就被提及和探讨。正如韩寒在《后会无期》中所说"我们听过无数的道理，却仍旧过不好这一生"，同那些说道理的人是从自己出发而不是从"我们"出发一样，这些"式"的出发点是教师的需要，而不是学生的需要。正如格拉斯所指出的，"一个孩子在一个群体中他知道自己需要达成本分，需要尊重群体的规则"。那么我们的学生在学校里不知道自己的本职应该是学习，自己需要遵守班级学校的纪律吗？不可否认，他们很明白。

心理学研究表明：当我们不能满足对爱的全部需要时，我们会痛苦，并以许多心理症状为表现做出反应，从轻度不适到焦虑压抑，后来就会完全逃避我们周围的世界。

抗拒，是因为没有获得满足，这就是学生这个"明白人犯糊涂"的根本原因。此刻回到"理想"二字上来，我们就会明白"理想的师生关系"的焦点不是"关系"而是"理想"，这个"理想"关乎对学生需要的满足。如果学生的需要得到了满足，那么孩子们产生问题的根源也就消失了，师生冲突的消解也是自然的事情。

学生的需要是什么？其实我们忽视了一个根本前提，学生首先是人，其次才是学生。那么人通常需要被满足的是什么？这就浅显多了，即归宿感和存在感。那么学生的最大需要自然也是归宿感和存在感。打造一个满足了每个学生的归宿感和存在感的教育生态才是"理想"教育工作的着力点。或者说，教师的工作本位应该是打造这样一种理想的教育生态，而不是站在传统教育认知的"教师"位置上对学生的成长"指点江山"。教师是服务成长的，而不是指导成长的；教育是要让每个孩子都最大化地成为他自己的，而不是成为教师需要他成为的那种人。所以，理想的师生关系中，教师的存在感没那么强烈，甚至是隐形的，但一定是把学生的需要放在第一位的。正如老子所说"上德不德，是以有德"，一个真正高尚伟大的老师，不是处处刷存在感，而是"大教无言"的。

所以，缔造理想的师生关系就是缔造理想的教育生态，就是缔造让每个孩子都有归宿感和存在感的教育生态。

具体而言，可以从两个方面入手——

首先要改变现行班级结构，构建人人有存在感的教育生态。现行班级结构要么是金字塔结构，要么是自主结构。金字塔结构是教师、班长、副班长、纪律委员、学习委员直至小组长的阶梯式的管理结构。自主结构是学生通过民主协商等方式构成的学生自主管理的结构方式，或者是学生管理学生的结构方式。二者的共性是管理，但班级内部的孩子们并非完全平等。尽管很多教师标榜自己是民主治班，然而现实生态中却不可能实现真正的民主。这样就使得很多孩子丧失存在感。理想的教育生态中，一定有让每个孩子都有存在感的班级。我曾经在自己的班级里遵照下表进行分组。

	一组	二组	三组	四组	五组	六组
数　学	1	2	3	4	5	6
英　语	2	3	4	5	6	1
语　文	3	4	5	6	1	2
物　理	4	5	6	1	2	3
化　学	5	6	1	2	3	4
总　分	6	1	2	3	4	5
备　注	数字是入学成绩该学科或总分的排名，如果学科排名重复顺位则下一个同学填补。					

在这种分组中，在每个小组相对学业实力均衡的前提下，每个成员在组内都有自己最优势的某个学科。那么这个同学就担任自己最优势学科的小组科代表，负责该学科小组作业的收发、学习计划的制订与执行、学习任务的分工与协调、学科活动的设计与展开等等。这样每个人在小组内部都扮演着不可或缺的重要角色。由于在科代表之上没有上一级管理单位的存在，自然科代表就成了最基层也是最高层的存在。

在立足小组之余，为充分发挥学生个体的特长，最大化地舒展孩子们的灵魂，可以成立跨小组的各式各样的部门。例如我的班级就有宣传委，下辖记者部、联通部、荣誉部、班刊编辑部、博客管理部、微信公众部等等；学习委，下辖教研组、互助组、突击队、周刊编辑部……一个36人的班级，大大小小的结构部门有几十个。这几十个部门，基本确保了让每个孩子都有一个以上的舒展自己特长和灵魂的舞台，让每个孩子都具有强烈的班级存在感。

试想，一个有存在感的孩子会不爱团队不爱班级不爱学校吗？自然，为他们建构了如此舞台的教师，能不获得他们的尊敬吗？（诚然，在这些舞台的运作过程中，教师没有直接参与，自然也就不可能为冲突提供机会。）

其次要构建温暖文化，让每个孩子都有归宿感。当教育生态中没有了温度存在（当然温度不是指教师给予学生的自以为是的爱），就很难培育起学生人性上的温暖。归宿感的核心是温暖，一个充满温情拥有温度的生态环境，会让每个孩子都体会到家的温馨，都会发自内心地去爱它，去不自觉地趋向于它。格拉斯曾直接询问过 150 名学生，"什么是你在学校中最向往的？"回答几乎一致："朋友！"获得温暖，这是孩子心灵张望的姿态。不可否认，在学校里很多孩子不快乐，问题重重，和教师同学的冲突不断。出现这些问题的根本原因不是孩子们需要遵守各种规则和纪律，而是找不到归属感，感受不到学校的温暖、教室的温暖。若一个孩子能够在教室里时刻有存在感，感受到温暖，他会没事和老师对着干吗？他会"没法教"吗？"那些失败的人，是孤独的，他们在孤独中寻求同一性，但通往成功的许多道路（因为他人的冷漠）已经被关闭：只有愤怒、挫折和退缩。"（格拉斯）当教室被量化被管理到冰冷的时候，谁可以培养具有温度的灵魂？谁可以让灵魂不孤独？谁可以让孩子爱上教室爱上学习？谁可以真正地拥有和谐的师生关系？

在构建如上表的班级生态时，其实就包含了用温度去打造的心理。分组的学科互补性在确保每个孩子都有存在感的同时，也为小组成员之间的相互帮助提供了结构性基础。如果每个人的学业都要最大化，则需要从别人那里汲取也要自己奉献，大家只有相互帮助才能共同进步。构建小组之上的教研组与互助组，也营造了班级成员之间相互帮助的氛围。

记得璇在一次数学考砸之后写道：

虽然没有考好，但我觉得挺幸福的。刚刚知道成绩时我很伤心，那时超多人都来安慰我。华和文都说："这一次没考好没关系，还有下次，大家一起努力。"学姐说："我们是一个集体，大家一起，就没有做不会的题目。"凡，璐，宇，好……好多人都来关心我。玛和韬帮我把每道错题的解题思路都标了出来。我真的觉得在班里好幸福。我不担心考不好，因为分数不好会有人帮我，我只是担心失去班级，因为失去了就不会有这么好的集体了。

这仅是一个侧影。为打造有温度的生态，还可以做以下几项——

小事天天说。打造有温度的生态，靠的不是说教，而是用行为影响行为，用人格影响人格，它需要细水长流的坚持。正如泰戈尔所言："不是槌的打击，乃是水的载歌载舞，使鹅卵石臻于完美。"一个优秀教师，不是盯着班级的问题在哪里，而是用美好的心灵发现心灵的美好。我会看到早早到教室翻开书本的倩，我会看到午休时悄悄开窗通风的宇，我会看到为班级买来盆景的栋，我会看到不怕弄脏衣服怀抱垃圾走向大垃圾堆的佳……我会发现玛为别人复印的《红楼梦》资料，我会发现华为班级卖掉饮料瓶后悄悄添上的 2.5 元作为班费，我会发现怕璇手冷而替她用冷抹布擦黑板的啸……我就是这样每天在发现，每天在感动。孩子们也是这样每天被感动，也每天刷着存在感。

活动来贯穿。在教室里开展系列化的"感动小组人物评选"和"感动班级人物评选"，通过讲述候选人的感人事迹用形象影响形象；开展每个月一次的"集体生日会"，让有创意的活动温暖每个孩子的心灵；组织每月一次的"幸福班级"活动，让别人羡慕的眼光增添我们的幸福指数；开展其他创意活动，例如班级美食节、班级心理剧等等丰富多彩的活动。

彼此成为贵人。"让彼此成为生命中的贵人"是我的班级文化核心。在核心文化的引领下，我们开展相互点赞活动：生生互点赞、师生互点赞、家校互点赞……立体点赞体系的构建，让彼此都能从对方的存在中感受到温暖，获得幸福。

诚然，温暖的生态打造路径还有很多，这里我只是提供几个示例，也期待更多的朋友能够画出自己的线，构成自己的面。

当教育生态真的能够满足学生的存在需要和归宿需要的时候，哪个孩子会不爱学习？哪个孩子会不主动做事？哪个孩子会不遵守纪律（也根本用不着纪律）？需要得不到满足，才会产生问题，被满足了，问题也就消失了。当学生在这样理想的教育生态中自由健康最大化地成长的时候，教育是多么美好。如此美好的教育生态里，是教师刷存在美好，还是心满意足地躲在丛中笑美好？答案不言而喻。

所以，理想的师生关系，归结到底是缔造理想的生生关系，就像顾城在他《门前》中所写：草在结它的种子 / 风在摇它的叶子 / 我们站着，不说话 / 就十分美好。

让生生互生，让生命自由，教师什么都不用管，教育就十分美好！

05 学生议事的失误与突围

学生议事，顾名思义，就是把与班级发展的有关事宜交给孩子们去商议、解决。因其让班主任从事必躬亲的泥淖中得到了较高程度的解放而受到广大班主任的欢迎。殊不知，如果理念狭隘，班级议事则会病症百出。

剔除孩子的"自我心理"（或"自私心理"），根据观察有三种失误症状。这里将之呈现出来进行分析，也把自己对突围路径的思考呈现出来。

症状之一：议事故不议事情

症状表现：学生议事有随机性，平时没有议事这回事儿，只有当班级发生违纪事故时才议事。凡事走在问题的背后，而不是主动商议事情。

个案展示：啸和克两个同学晚自修时间买外卖（学校严令禁止），被巡视的德育处老师当场抓获，扣了班级量化分，给班级声誉带来了严重影响。因为属于"惯犯"，班主任就让"班级法庭"对他们俩的问题进行商议，焦点在于如何惩罚，如何对他们进行教育以妨再次发生。于是"罪犯"陈述"犯罪"过程，旁听席参与讨论，"法官"审判、判决等等轮番上演。

事后班主任得意地说实现了班级事务民主管理，也培养了孩子们的公民意识、规则意识以及民主主义思想。

个案分析：在这个案例中，孩子们的能力得到了一定程度的锻炼，这也是很多人引入"班级议会""学生法庭""行政委员会"等管理形式的原因。可是，班级毕竟不是社会，教育也不同于社会上的其他事业，盲目地认为"班级就是小社会"而引进社会领域的东西，不是教育的英明，而是教育的无知。如以教育来关照犯错，犯错可以也必须允许存在，而在社会领域犯错就可能面临法律的严惩。这个案例中，如果从啸和克的角度来看，恐怕这次"审判"会对他们的心理造成严重影响。这次议事不但解决不了问题，还可能把他们推向另一个极端。从同学关系的发展以及班级后续生态发展来看，这也很难起到正向作用。这种针对事故的议事是教育理念狭隘的典型体现，议事背后的主持者（班主任）认为教育就是解决问题。殊不知，无论多么英明的班主任或者议事团体（这里特指议事故的团体）都无法解决所有的问题。

突围途径：从议事故的狭隘中跳脱出来，把议事落实到商议事情上来。思考班级应该做哪些事情才能让班级充满生机和活力？做哪些事情才能让每个人有事可做而不至于无事生非？做哪些事情才能够使班级同学的综合能力得到最大化提升？从议事故的被动走向主动的建设，让"做事""时时刻刻做事""快快乐乐做事"成为班级发展的推动力，成为让班级不出事故的根本手段，这样的议事才有了"预则立"的意义。

须知，教育不是来解决事故的，而是育人的。

很多班主任会认为，我的学生议事议的就是您所说的"事情"，以为"议事情"就是在做真教育了。其实，做教育远不是议事情那么简单，它也有着自己的病症的。

症状之二：议事情不议课程

症状表现：成立学生议事机构，班主任把班级的大小事务都交给议事机构来商议，美其名曰"班级自主化管理"。班级在议事机构的带领下，开展了各具特色又丰富多样的活动。但这些活动之间没有什么关联，而是一个个独立的事情独立的活动。

个案展示：开学初，班主任王老师就让班级同学选举成立议事机构，然后让议事机构采取一定的方式，商议本学期应该开展哪些丰富多彩的活动，以丰富校园生活，调动大家的积极性。经过两周商议，议事机构提出要开展以下几项活动："激情九月·相约未来"辩论会、"金色十月"班歌联唱、"十一月远足"、"爱心十二月"义卖、"庆圣诞迎新年"公益文艺汇演、期末"感动班级人物评选"……还贯穿了各种比赛活动。

个案分析：商议出的这些活动从不同层面锻炼了孩子们的能力，也可以提升孩子们的综合素养，可以说是孩子们创造力的体现。看到这个活动设计，不少班主任一定会为孩子们叫好。可是，仔细分析这些活动后你会发现，它们之间的关联性不强，也就是说没有形成一条线索，这些活动都是单个的精彩存在。正如再美丽的珍珠，如果不能把它们穿在一起都不可能形成珍珠项链一样，再精彩的活动个体都很难取得对孩子教育的真正效果。人的内在心理结构具有较强的稳定性和反调节能力，而每"一次"的教育活动都是对心理表层的一次调节而已，过不了多久就会被内在心理结构的反调节能力消释掉。这就是学生"屡教不改"的原因所在。因此教育要取得效果的唯一途径就是在同一个方向上持续不断地对孩子施加影响，也就是说所有的教育行为都应该是成系列、课程化的。教育不能为活动而活动,要为"教育"而活动。

案例中,班主任只知道把议事权力还给学生,殊不知教育不是简单的搞搞活动,殊不知活动是教育的载体而不是教育本身,殊不知学生水平再高都不可能上升到教育整体上来关照事情。

突围途径：班主任接班之前,脑海里一定要树立起科学的教育理念,懂得用课程化的思维开展活动。因为课程化的活动需要时间的延续,所以一个学期的教育目标不能太多,必须具有较强的集中性。例如我上个学习的教育目标就一句话——让别人因我而幸福,班级所有活动都围绕这个目标开展,用系列化的"幸福"活动打造人情的温暖、班级的和谐。树立了教育大主题之后,具体分支小活动,可以放手让学生去议了。也只有这样的议事才有了教育意义上的价值,而不是为事情而事情,为活动而活动。

诚然,这种议事不是完全放手让学生议事,而是在班主任宏观教育架构支配下的议事。诚然,很多教师会认为这样的议事应该是最高端的班级议事。如果我们继续思考下去就会发现：即使你在课程化背景下议出来的事情多么有系统多么有创意,如果没有良好的班级运作系统,这些议出的事情终归是无法落实,无法落实的事情如同空中楼阁。只议课程而不议班级生态的变革,也就造成了班级议事的第三种失误。

症状之三：议课程不议生态

症状表现：班级事务设计得成系列、有创意,但是在具体落实所议之事时总是有这样那样的阻力：要么是以少数人为主体从而造成客观的个体锻炼机会不均等,要么是个体学生游离于活动之外,要么是工作安排下去而学生执行不力……

个案展示（下面是河南新安毛老师向我提的问题）：

梅老师好：

为打造"幸福班级"，我班"议会"决定在新泰社区服务中心活动室开展一次集体生日会活动。"议会"商议了活动程序之后，进行详细分工。有的去购买物品，有的布置会场，有的擦洗座椅，有的负责给家长倒茶，有的负责摄影录像，有的负责后期卫生……可是，有几个同学不愿意去做事情，有的同学说"为什么要我做这件事"等等。本来是以"幸福"为主题的活动，弄得好多孩子不愉快。

请问梅老师，我该怎么办？

——河南新安毛晨露

个案分析：这个案例中出现了两种比较典型的情况，一是不愿意做事，一是不满意自己所做的事情。为什么会出现这种情况呢？原因之一是事情分散太多，将每一项工作分配给的是个体；原因之二是班级没有形成向心力，而没有向心力的主要原因是班级没有在日常生活中让每个孩子都感受到温暖和具有存在感。一个不能让每个孩子感受到温暖和个体存在感的班级，是很难让所有的人都动起来的。

突围途径：基于以上分析，我们可以发现如果想很好地落实班级事务就必须改变个体的存在状态，打造具有温暖和存在感的班级。在现行班级金字塔结构（班长直到小组长的管理模式）或以"自主化管理"的"管理"为背景的前提条件下，每个孩子得到锻炼的机会不是均等的，自然就会有人感受不到班级的温暖和个体的存在感。改变这种现状，最好的途径是改变现有的班级生态，形成孩子们的成长共同体。共同体理念下的班级关照认为：课程就是以学习为核心，构建人和知识的关系及人和人的关系。如果克服了上文的第二种症状，树立了议事的课程化理念，接下来的核心就是构建人和人的关系（人和知识的关系属于课改，不属于班改）。构建人和人关系的核心便是在构建成长共同体理念前提下打造一个温暖的让每个孩子都有存在感的班级。一个温暖的每个人都有存在感的班级，每个人都会愿意奉献自己的力量。同样，在班级中，每个共同体为了展示自己团队的存在，也会尽心尽职高质量地完成所分配的任务，因为他们要表现出自己的优秀（共同体之间会形成竞争）。

在确立了用成长共同体取代"金字塔结构"或者"自主化结构"之后，这种议事就转化到共同体内部如何组合，共同体内部如何团结，共同体之间如何合作与竞争等事宜的讨论上了。共同体内部的组合方式解决的是个体存在感问题，而内部如何团结解决的是班级的温暖问题，共同体之间如何合作与竞争解决的则是班级共同事务的开展与执行问题。这些事情如果让孩子们议一议并得到妥善解决，那么，个体将是优秀的个体，班级将是理想的班级。

学生议事的三种症状，其实是班主任带班理念的三个层次；班级议事突围的三种路径，或许是教育由现实走向理想的一条思路。倘有启发，您不妨一试。

06 | 对学生评语的价值辩证

岁岁年年事相似，年年岁岁人不同。每逢期末，自然又是班主任的评语季。

每年这个时候，我总能想起一位朋友写给她班孩子的一则评语——

> 你是一个聪明伶俐的孩子，大大忽闪的眼睛，让我感觉到你是多么的灵动。读课文时你表情丰富、声色活泼，讲故事时你绘声绘色、惟妙惟肖。参加集体劳动你也总是身先士卒、一马当先，赢得了不少人的喜欢。只是，我多么希望你能在自己的座位上安静下来啊，那样你将会更好。

这是一则在很多人看来再正常不过的评语，只是，在我读到这段评语的时候，总是想起一次次领导找我谈话的情景。前80%左右的话语是对工作的肯定，"但是"之后的20%自然就是各种毛病和不足了。当我离开校长办公室一个人踽踽独行的时候，80%是什么，不大记得，一直盘旋在脑海里的恰恰就是那20%的不足。当我把自己的感受告诉朋友之后，她说："作为一个负责任的教师，我总得指出孩子的不足吧，即使现在孩子不明白，数年之后，当他再看到老师的评语时，他一定会明白老师的苦心的。"

我没有再和朋友辩论，因为此刻的我俩在两个频道上，处于两个频道上的人对同一个问题是辩论不出来结果的。只是我在想：数年之后，哪个孩子还会回头翻翻老师当年的评语？即使他会翻，那个时候再明白还有什么价值吗？须知，评语的作用具有一定的即时性，此刻，当下，你的评语里让这个孩子看到的不是前面几句好话，而是"你上课不老实"的事实，家长看到的更是这孩子上课这么差，连坐都坐不好！

我不敢说孩子会不会因为教师的"苦心"而受挫，家长会不会因为这句评语而对孩子拳脚相加，此刻，我们不得不去思考：写评语的目的是什么？

当我用这个话题向很多朋友提问的时候，答案主要有三种——

1. 给学生一个学期的表现下一个结论性评定；

2. 指出孩子的优缺点，让孩子明白自己的优点和不足，明白将来该如何走路；

3. 沟通师生感情，家校感情。

追问第一种答案：评定，关键就在于一个"定"字。当很多事情成为了已然之后，再把已然强化甚至标签化的意义是什么呢？很多孩子或家长关心评语的唯一目的变成了"我"或者"我的孩子"在老师心目中是怎样的？其实，无论孩子是怎样的，这都是过往，都是已然，它代表不了，也指向不了未来。正如很多学校的评优工作一样，集中放在了学期末。放在学期末的评优能为班级或者孩子的发展带来什么呢？因为接下来就是寒假一个月或暑假两个月的假期。如此长的时间间隔早已消解了评价本身的作用。很多时候，我们做的就是这种"劳命丧财"的无用功，当然，很多人在继续这么做着。

追问第二种答案：让孩子明白自己的优点或不足，明白将来如何走。当孩子走了一个学期之后，你突然告诉 TA 说，这是你的优点，这是你的不足，下学期要发挥你的优点，克服你的不足哟。那么我想请问：平时你这个老师干什么去了呢？你为什么不在平时用孩子的优点激励他，为什么不在平时就帮助孩子改正不足，以利于他更好地成长？正如开篇中我提到的朋友，既然你发现了这个孩子有坐不住的毛病，一个学期都下来了，你为什么不去纠正他，为什么不在平时就完成对孩子的改变，难道就是为了留到学期末写评语吗？诚然，不是。诚然，这些友善的指出，都应该是教师在平时做好的工作，而不应该将之放在评语里去展示。

对于第三种答案，就不需要追问了，因为这就是我们每个教师平时应该做的工作。很难想象，平时不和家长沟通的班主任是如何做好班级工作的。

很显然，以上的回答都是没有明白写评语的真正目的是什么。传统的评定式要求使得教师很少去思考到底为什么写评语，潜意识里认为，这是学期末必须完成的一项工作而已。

我们来看浙江湖州朱洁老师写给学生的一则评语：

你在军训感言中写道：军训，训的不是军姿，练的不止是步伐，而是在烈日下抬头，风雨中奔跑，困难前微笑，挫折后不弃的精神。你写得真好。我也想送给你一句话：拥有梦想的人不做选择题，他们只做证明题。来吧，妞儿，用剩余的一年半时间来证明我的眼光,你永远是我喜欢的璐,没有之一!

这是一则利用孩子自己的话激励孩子的评语,行文亲切,温和而有力度,属于比较优秀的评语之一。朱老师最让我们感到敬佩的是,她明白了写评语是为孩子的发展服务的。在这则评语里,朱老师在为孩子的发展注入自信和动力。我相信,孩子在看到这则评语之后,一定会振奋的。

是的,和其他所有教育行为一样,写评语一定要为孩子的发展服务,如果一则评语仅仅是评定,仅仅是感情的沟通,甚或是用所谓的"负责任"来给孩子贴上不好的标签的话,就没有多大的价值。教育不就是成全人、发展人和造就人的吗?如果教育行为不能为教育目的服务,这样的教育行为还有价值吗?答案不言而喻!

如果再来理性地思考,朱老师的评语真的能够为孩子的发展带来动力吗?还是仅仅让孩子看到这个评语之后自信了一下,仅仅一阵子而已,因为孩子看到评语的时间是刚放假,而接下来的一到两个月的假期,势必会消解这份由评语带来的自信。

综上分析我们可以得知:如果要让评语发挥它的促进成长功能,就必须连通日常和最终的学期结果。在实践中,我采取的是"秘密"评语卡。每一年都一样,我会和孩子有一个日常的聊天小本,每天和孩子们在小本子里谈天说地,谈着谈着自然也就有了更深层的交流。我就做了留心人,把孩子们在日常交流中流出来的典型话语记录下来,填在一个"秘密"表格里。为了更好地说明问题,我以为海权同学写的评语设计为例:

		"秘密"评语卡	
1	9月5日	换种活儿法，从现在开始。	
2	9月24日	每个不曾起舞的日子都是对生命的辜负（尼采），作为我的座右铭。	
3	10月16日	看起来，别人也没什么了不起，只是我们看低了自己。	
4	11月4日	对不起老师，没有考到一本分数线。	
期中"秘密小语"（师写）	11月8日	没什么大不了的，但也没什么小不了的。我曾经走过和你一样的心路历程，但是我最终考得不错。	
我的未来畅想	11月10日	我终于明白了秘密的含义，所谓的秘密就是回望轨迹，在回望当中人才会发现自己在哪里跌倒了。我知道我在不断自信的过程中变得自大了。自己才是自己的敌人，用自信的态度，做细心的行动者。	
5	11月21日	看了北大的双胞胎姐妹成功秘笈，我给自己制订了严格的学习和锻炼计划，老师你要监督哟！	
6	12月4日 老师记录	下课时，自习课上我看到了他切换学科是那么的自然，这是一个严格执行计划的孩子。	
7	12月27日	我读了奥格·曼狄诺的《世界上最伟大的推销员》，它教会了我如何塑造习惯，规划自己。每天读一章羊皮卷，内心慢慢幸福。	
8	1月10日	就要期末考试了，忽然感觉没啥复习的。	
学期"秘密发现"	1月12日 学生填写	所谓水到渠成，就是只要踏踏实实做好每一天的事情，就会获得自然的结果。正如梅老师说过的，走好脚下路，自然到天涯。想想这一个学期，对得起自己，因为我取得了不错的期末成绩，更收获了沉甸甸的人生。	

这个表格设计得比较仓促，但取得了不错的效果。这是一个学期的心路历程，它无关老师的印象如何，更无关教师的评定如何，只关乎在自己的生活轨迹中发现成长的秘密。让轨迹揭示秘密，让秘密被发现并服务于新的成长，这样真实地沟通了日常和最终结果。更重要的是，这个秘密的发现来源于自我，是来自灵魂深处的力量。这才是一个人最宝贵的成长。

诚然，您可以在这个理念的基础上，创造性地设计。例如您可以将记录语言和记录事件结合，您可以在末尾增加"我的假期畅想"等等条目。

写评语的方式有很多种，但有一个根本是不能忽视的，那就是——为孩子的发展服务。

07　用整体评价促进整体发展

正如美国当代著名教育评论家埃利斯和福茨在其新著《教育改革研究》一书中断言："合作学习如果不是当代最大的教育改革的话，那么它至少也是其中之一。"

可是，在诸多学校诸多班级开展合作学习之后，并未取得应有的效果。合作要么变成了"代表"的表演，要么就是有监督者在场的表面行为，很少被落实到学生生活的方方面面。原因何在？

我以为是教育评价出了问题——要么有头无尾，要么只突出个体。

有头无尾的现象比较突出。看了很多课堂，教师在授课过程中，总是对各个小组的课堂表现进行打分、评比，以求调动孩子们的参与积极性。一节课结束之后，评选出一二三等奖或者一二三四名。可是评选出来了之后呢？随着擦去的黑板上的记录，评价也就结束了。

这样的评价用在一两节课还可以，时间久了，孩子们的新鲜感就会消失殆尽。这种有头无尾的做法，又如何能促进教育教学的全方位提升呢？

另一种现象就是突出个体。虽然表面上采取了小组合作的运作方式，可在评价方面采取的依然是个体评价，而忽视整体评价。张霞老师曾经说，"如果教育评价仅仅针对个人，那么我主张取消评价，尤其是表扬，因为表扬个体可能意味着对其他人的否定"。教育者总是一厢情愿地认为表扬个体会取得示范效应，让更多的人追求优秀。教育的现实是，其他人会有某种失落感或者嫉妒心理。或许你会说这心理也太阴暗了，的确，但这是现实。如果试图通过这种突出个体的表扬达成教育的整体发展，恐怕有些异想天开了。

因此，我以为对教育恰切的评价应该是整体评价。所谓整体评价，关涉四个方面内容。

其一评价层次。

马云说："领导是照顾人的，不是照顾事儿的，如果领导照顾事儿，下属就会琢磨人。"也就是说，各有分工，各有司职重心，跨越了就会出问题。以合作为学习核心方式的教育教学，合作的主体是学生，具体到群体内部如何分工如何协作如何对个体进行评价是群体内部的事情，作为群体之外的教师不应该参与到群体内部中来。也就是说，教师对学生的评价层次仅仅局限于群体与群体之间，群体内部评价与教师无关。因为群体内部评价是群体成员之间进行协商妥协、构建关系等的手段，这是群体发展的保障，也是在相互的关系调整中个体思想道德水平提升的重要方式。关系调整，是德育最核心的方式，民主、包容、隐忍、奉献等都会在关系调整中得到提升。教师评价如果深入到了群体内部，就会破坏孩子们自主生长的平衡，破坏合作成长的效度。

其二评价对象。

合作学习的研究者认为："永远不要对群体贡献中的个体进行评价。"群体贡献，是对合作群体或成长共同体的认定，这是一个基本前提。对群体贡献中的个体进行评价是有悖"群体"原则的。

以某次考试的学业评价为例。每逢大考过后，教师总会对同学们进行评价，进行各种名目的表扬。评价者往往忘记了这种评价是结果性评定，而教育应该是指向未来的，所以那种认为只要发一些奖状就可以促进班级发展的想法有些天真了。常规做法是给班级总分前几名、单科前几名、总分进步前几名、单科进步前几名等等进行表彰，认为表彰的面广了，就包括了尽可能多的学生，就可以促进班级发展了。现实是这样的吗？教师都明白，这种表彰并没有为班级的发展带来任何好处，唯一的作用就是让个体得到暂时的愉悦，也让另一些个体拥有暂时的失落。如此而已！

整体性的评价绝对不会涉及个体，而是对发展共同体或者小组整体进行评价。如果一个班级有8个小组，可以对总分前两名的小组、总分进步的前两组、单科进步的前两组、单科成绩前两组等进行表彰。以总分评价为例，无论采取哪种分组方式，小组成员之间的学业成绩总是有差别的，而以团队总分为评价原则的评价方式是将所有成员的总分平均后进行排名。这样，每一个成员的分数都影响到团队总分，而让团队总分最优化的唯一途径就是团队学习过程最优化。一个最优化的团队学习过程一定关乎团结、互助、包容，一定关乎学法探究、工作分工、策略思考等等。这些，不就是班级发展的较佳模式吗？在这个评价过程中，如果班级总分第一名，却不在小组总分第一名或者第二名的小组内，他同样不能够得到表彰。这样就会促使孩子们真正地相互帮助，从而避免为了构建班级的互助文化班主任苦口婆心最终却劳而无功的悲哀。同样，关乎单科的评价，就会促使小组内部该科优秀的成员去帮助相对稍弱势的孩子，因为只有共同提高了，整个团队才能得到认可。这既是对班级良好生态构建的过程，也是育人的过程。

其三评价内容。

不可否认，理论上我们的教育评价是全方位立体式的，但事实往往是以学业成绩为核心，其他方面基本不予考虑。而整体性评价则会关注学生生活的方方面面。

以"感动小组人物评选"为例，我在自己班级开展这一活动时分为几个方面的评选：最佳方案评选、最佳叙事评选、最佳讲故事的人物评选、最佳颁奖词评选。这个过程中，班级每个小组设计一套方案，哪个小组方案最好，就采用哪个小组的方案，给予相应表彰；每个小组都需要准备一篇对小组推选的候选人事迹进行叙述的文章，从叙事艺术角度进行评选；每个小组需要推荐一名讲故事的人，将候选人的事迹通过演讲的方式讲述出来，从演讲艺术角度进行评选等等。这一评选过程，综合对设计能力、写作能力、演讲能力、创作能力等等素养进行全方位评价。又因采取的是团体评价方式，这一过程又增强了孩子们的团结协作意识。

诚然，在其他活动中，又会关涉到其他方面的评价。只要有活动，就会有评价，真正做到过程性、立体式全方位的评价，就消除了如何写学生成长个案的劳碌与繁琐，还教育以过程性的美好，还孩子以立体成长的舞台。

其四评价过程。

通常的评价是过程结果合一，或者过程和结果太遥远。前者是一次评价一个结果，时间一久，孩子们对评价就麻木了。例如每节课都根据孩子们的课堂表现对各个小组进行打分，评选出个一二三四，下课了，也就结束了，没有后续的总结性评定。后者有后续的总结性评定，只是把结果放在学期末，让孩子们从学期初眺望学期末，太过遥远。因为遥远就看不到目标，看不到了，动力也就失去了。整体性评价是将总结性评定、阶段性小结和单次评价结合在一起评价。也就是说，每一次评价都不会随着某次评价的结束而结束，而是会指向学期末的总结性评定。例如，我班采取的是对每次评价的结果进行累加，最后得分最高的就会把学校给的最重要的评优指标给他们中的一员。①因为期末的评优过于遥远，所以我们允许一个月进行一次兑换。例如将表彰证书或者奖状兑换成具体的物质奖励，也可以兑换成一定比率的加分，也可以兑换成免做作业券，也可以兑换成和班主任或者科任教师的合影或者出游机会等等。但兑换之后，其积分不会因为兑换了而减少，而是保持其原有的分数。这么做的目的是让孩子们既能遥望远方，也可以触及当下，有始有终，从而让过程转化成丰满的结局。

在实践过程中，我激活了孩子们的灵魂，优化了班级生态，取得了不错的效果，您，不妨试试。

---

① 这里要和团队内部的评价结合，因为整体评价是针对整体，团队内部的评价针对的是个体，二者结合才能落实到个体。——笔者注

08 励志教育的节奏与策略

> 今天真的好累,但仍然坚持了下来,真的不想让别人看不起。有人说我们班是打了鸡血,坚持不了多久,什么是鸡血?!就是打鸡血,那也是挂点滴,一直挂到高中结束。
>
> ——学生谈雍

人需要两种东西,一是成长的舞台,另一是成长的动力。所以一个优秀的教师懂得他的工作本职应是为学生提供尽可能广阔的成长舞台,进而给予孩子们成长的动力。是的,如您所解,给孩子们成长的动力就是励志教育。

可是,不少人有这样的困惑:尽管也给自己的学生进行励志教育,可过不了多久孩子们就回到原来的样子,励志没有了效果。

其实励志教育是有讲究的,最大的讲究就是励志教育不是"打鸡血"而是"挂点滴",因为人的心理结构有表层心理和内在心理,表层心理相对而言比较容易被调节,我们对孩子进行一次教育就可以做到一定程度的调节。可无论"这一次"的教育内容有多好,都很难影响到孩子内在的心理结构,也就难以取得良好的教育效果。何况内在心理结构具有很强的反调节能力,"这一次"的教育效果过不了多久就会被深层心理结构的反调节所消解,除非是持续不断地对心理表层朝同一个方向上做调节。可惜的是，我们的励志教育往往是一次性的"鸡血"，而不是拉长时间的"挂点滴"。

在河北保定讲课时，有一个校长对我说："我们也对学生进行励志教育，而且每天发一个励志故事，为什么就不能取得良好的教育效果呢？"不错，该校长是关注到了持续不断地对心理表层朝同一个方向做调节，可是他没有注意把握励志的节奏和策略，只是单一地每天给每个孩子发励志故事，效果不好也是自然的事情。因为励志教育从来就没有那么简单，它是有节奏和策略的。

我认为第一阶段是借力打力。按照行为心理学的观点，前 21 天是习惯养成的起始期，我们将之定义为励志教育的第一阶段。这个阶段的励志教育应该是隐性的，不能放在桌面上大谈特谈。因为此时师生之间不甚了解，正如病理不明不能下猛药一样，在磨合期是不适合直接搞显性的励志教育的。所以此时最好的方式是不断发掘班级正能量，用每天发掘的孩子身边的正能量来引导孩子们的行为，因为最直接的教育形式往往就是形象影响形象。

例如，开学第一天赵弈风对我说他想当临时班长，我问他为什么？他说："没有为什么，我就是想换种活法儿。"说实话，这句话真的打动了我，也就自然地任命他做了临时班长。于是回到教室我说："同学们，我们班不是一个好班，分到这个班你们也一定很郁闷，甚至失望，但郁闷和失望有用吗？没有！我们之所以被分到这个班，很重要的原因是自己没有认真学习。进了高二，你们还想混下去吗？你们还想被别人看不起吗？你们还想让别人一看到你就说你是个差生吗？我想答案不言而喻。我现在宣布，我们班临时班长是赵弈风，不为别的，就因为他告诉我说'我就是想换种活法儿'。我希望你们也能换个活法儿，活出自己的人格和尊严！"第二天，赵子瑜同学就在自己的交流小本上写下了这样一段文字：

> 说实话，当我知道我被分在 7 班时，我的内心几乎是绝望的，但我别无选择。其实，我自己也知道现在的处境是我自作自受的结果。高一下学期过于放松，但也正是因为已经意识到这点，我觉得自己的结局不应该是这样，我还抱有希望。班长说得对，"高二高三，是要换个活法儿了。"上进，上进，要上进，我这样想着，并记录下来，因为不想忘记此刻的感受和决心。

于是我就把赵子瑜和其他几个同学的类似文字在班里进行了分享。自然，这种分享又影响了一批学生。例如接下来就有徐建成的文字：

> 老师，我玩这个游戏已经四年了，我知道学校也有很多人玩，我可以很"自豪"地说我是最厉害的一个。但正是因为这种"自豪感"，让自己感觉有"成就"，才让我沦陷，也改变了我的命运。可以说，我不玩游戏，就不会考到这所学校，就不会高一被分到不好的班。现在我觉得我可以放下了，因为这几天我控制住了自己的游戏瘾，回到家坚决没有去玩。我不想两年后在一所蹩脚的大学里抱怨、后悔。同学们的决心和转变给了我很大的力量，谢谢您，谢谢有如此好的班级让我改头换面。

但是如果一直这么做下去，就会因重复而使效果打折。接下来在继续这种做法的同时需要做些转变，这是"审美"的需要，也是励志升级的需要。

第二阶段，寓励志于快乐。这个阶段一般是从第四周开始，一直延续下去。此时进行的励志教育，一如初步把握了病理，需要缓慢调理，还不到可以下猛药治理的阶段。

这个阶段我的主要做法是"每周一歌"。每天早读结束之后，大家都累了，我们就集体唱首歌。表面上看是休息，是听歌，实则歌曲是遴选的励志歌曲。例如我们第四周唱的杨培安的《我相信》，第五周因为月考刚刚结束，我们唱的是陈国华的《有用的人》……以《有用的人》歌词为例：

> 谁不希望自己是聪明的人 / 谁不希望什么都能一百分 / 谁能希望自己又呆又傻又愚蠢 / 谁会愿意听到你真的好笨
>
> 有些事情就是这样的残忍 / 有些道路没有直通那扇门 / 有些游戏结果不一定要获胜 / 有些收获不在终点只在过程
>
> 我们不会心灰意冷 / 我们会给自己掌声 / 我不是你想象的笨 / 我也有我自己的门 / 其实你不是不能 / 只是你肯不肯 / 给自己多一个机会 / 因为我们都是有用的人

这样一种歌词，正好和刚刚月考过的情况相吻合，自然也就能够激发孩子们进一步努力的斗志。六周过去之后，学生们正好学会了六首歌曲，然后我们在第七周进行班歌汇演。一个小组抽签选取一首歌曲，用自己最有创意的手段来演绎。这样每七周一个周期，在愉悦中完成对灵魂种子的播种。

在第二阶段的第一个周期完成之后，班级运行已经有10周了，

70天时间。根据行为心理学原理，如果让孩子形成稳定的习惯，需要连续90天重复励志。接下来三周的时间，将是励志的攻坚战，是一个需要下猛药的阶段。

第三阶段，励志教程。这个阶段进行的励志教育需要大声地喊出来，用气势点燃起沸腾的热血。在奥格·曼狄诺《世界上最伟大的推销员》中的"羊皮卷"和"成功誓言"基础上，结合《洛克菲勒写给儿子的21封信》以及我这个班主任的书写，我们编成了21章《班级励志教程》。每天早晨到达教室的第一件事是33名同学全体起立大声齐读之。在这样一个新鲜的早晨，大声齐读励志教程的气势，足以让每个孩子一天都斗志昂扬。例如成功誓言之一的开篇：

我为成功而生，不为失败而活；我为胜利而来，不向失败低头。

这类话语，无不唤醒着每个孩子潜藏在灵魂深处的巨人。

以上三个阶段完成，基本上三个月过去了。在有节奏有变化的励志教育中，励志的种子已经在孩子们的心田上发芽生长了，因为90天已过。

诚然，孩子们不是齐步走的木偶，他们是有差别的。三个步骤过去，不意味着励志教育的结束。还需要第四个阶段。

第四阶段：多维一体。所谓多维一体是在不需要"猛药"的时候，并保留第一阶段和第二阶段励志方式基础上，引入更多的励志手段。例如开展"视频展播""感动评选""致敬班级人"等活动，一起为励志服务，多种手段凝聚，形成涓涓细流，抚慰每个孩子心灵的河床，冲走滞留的泥沙。

有了以上四个步骤和几种策略的励志教育，才是改变了"鸡血"猛烈却无效的做法，真正化作了"点滴"，并与孩子们的血液融为了一体。

励志有功效，也有风险，因为弦绷得太紧易断。但只要班主任能够每天和每个孩子有个书面交流的本子，就可以解决这个问题了。

但愿以上言语，能助您点燃孩子们的斗志，创出更大的业绩。

09 教师的第三选择

和沈丽新老师喝茶聊天,她讲述了自己班上的一件事儿。

那天,刚下课,一小朋友满脸委屈地跑到办公室对我说:"沈老师,小胖把我手弄痛了,还不给我道歉,我不跟她玩儿了!"看到孩子委屈的样子,很多老师会把小胖叫来,问清楚原因,或者讲一番道理让两个孩子和好。而沈老师没有理会双方的关系,而是把小朋友拉到自己怀里,托起孩子的小手,用嘴巴吹吹,然后用手捧住孩子手说:"来,老师给你暖暖。"过了一会儿又说:"还疼吗?要不要老师再给你吹一下,暖一会儿?""不要了,老师我出去玩儿了。"沈老师告诉我,她出去玩的对象,恰恰就是小胖。

沈老师的智慧在于,没有囿于事情发生的两端(小朋友和小胖),而是避开后从第三个角度来解决问题。

在学校关系中,基于教师自我所处的位置,往往存在两种关系模式。一是"搭班教师—我—学生"模式,一是"我—学生"模式。前者关涉三方,"我"在中间是个链接纽带,后者"我"和学生直接发生联系。基于后种模式,自我只要拥有教育心,永远记住"教育不是来解决问题的,而是为孩子的发展服务的"这句话就够了。如果问题的解决不利于孩子的发展,宁可不解决也不能伤害到孩子。基于前种模式,我们总是习惯了"老师的"或者"学生的"对立统一中。对立是矛盾的双方，而统一则是矛盾发生时事关双方。如果老师和学生都算作 1 的话，解决的结果往往是 1+1=1，要么是学生屈从了老师，要么是老师宽容（有时也是向外界压力屈服）；要么是 1+1=0，表面上得到了和解，而事实上往往是矛盾隐藏在内心深处；要么 1+1=1+1，表面上得到了解决，而实际是成为了形同陌路的两个个体。这些都是教师的思维模式所决定的，正是这些思维定式的存在使很多矛盾无法解决，或者表面解决而实则暗藏于内。"思维定式"是指影响我们行为的思维形式或者类型。它就像一张地图，帮助我们决定要去向何方。我们看到的地图决定着我们的行为，行为决定着可能得到的结果。如果转换认知，行为和结果就会相应改变。

想起一个禅宗公案：

老和尚问小和尚说："前面有狼，后面有虎，你该怎么办？"

小和尚微微一笑说："我往旁边走！"

"往旁边走"，就摆脱了"前"或"后"这一对矛盾的线性存在。小和尚不再是这个"线"的节点，而是独立的个体，就可以做出"往旁边走"的选择。这种摆脱线性思考方式的选择，我们称之为第三选择。

第三选择是超然于我们通常凭依的直觉的，它引领我们远离"中心"矛盾，建立对个体的真正尊重。一般分三步转换思维模式。1.看到"这一方"，也就说对矛盾双方进行客观分析，且分析得越贴近真实，就越有利于问题的解决。2.将每一方都看做独立人，而不是某个矛盾中的环节。卡尔·罗杰斯将这种态度称为"无条件"的积极关注。我视你为完整的人，而不是一种态度、一种观点或者一个场中的零件。3.建立同理心。同理心是站在双方立场上，满足双方的心理期待或成长需要。

一天，群里出现了一个求助帖：

各位老师好：

　　我班最好的学生，也是年级最好的学生之一很郁闷地对我说："老师，我以后再也不听物理老师上课了。"经过了解我才知道原来是期中考试他其他各科都考了年级前几名，只有物理是刚及格。物理老师认为孩子故意考低分给老师拉平均分，于是非常生气。无论孩子怎样解释，物理老师就是不信，还在班上公开说以后不给这个孩子批改作业，也不提问他，最好他也不要来上物理课。物理老师甚至还扬言说："有本事你去校长室举报我啊！"6月份孩子就中考了，如果不学物理这孩子怎么办？一个好学生就可能因此被耽误了！

求助老师言语切切，群内老师也都非常热心。李老师说："应该和孩子谈谈，让孩子明白，不听课是拿自己前途开玩笑，哪怕委屈，也要求全。"张老师说："要请孩子的家长来，陪孩子一起向老师道歉，毕竟他是老师，自己是学生，该低头时要低头。"麻老师说："班主任应该先和物理老师沟通，说明孩子的真实情况，让老师以宽厚之心原谅他。"唐老师说："孩子和学校领导商量一下，给孩子换个班级吧，逃离这个魔鬼老师。"

……

还有很多老师的做法，无法一一列举。简单分析一下几位老师的观点。李老师的建议孩子是懂得的，他更知道"和老师作对"没好结果，因为案例中孩子已经向老师做了解释，结果老师根本不信他的说辞。张老师的做法是让孩子委曲求全，但在距离中考三个月的时间里，带着一种委屈心理，您相信孩子会学好吗？斯蒂芬·维柯说："妥协可能会令人满意，但永远不会令人高兴，妥协关系是脆弱的，争端往往会再次爆发。"何况这个妥协是建立在委屈学生的基础上的。所以，以上两位老师的方案是很难行通的。

麻老师找到了班主任这个媒介，绕个弯儿来解释要好多了，何况是同事之间，总是好交流的。只是，和这个物理老师恐怕难以沟通。至于唐老师的换班级之说恐怕也难以实现，不仅仅是因为这个孩子要适应新的班级，因为不明就里，同学或老师会用异样的眼光看这个孩子，同样不利于孩子的发展。

老师们的思维都是在"学生—老师"之间搭线，不能摆脱将自己、学生和科任教师链接成一条线的矛盾氛围，这是一种典型的线性思维。也就是说，要么是从孩子端入手，要么从老师端入手，目的就一个，找到二者之间的结合点、妥协点，从而达成二者的沟通。结果基本上都是 1+1<1，这不是教育应该取的结果。

现在进行"第三选择"分析。第一步孩子肯定是委屈的，因为没有一个孩子会无缘无故考低分；而老师的心理存在一些问题，否则不会这么轻易认定孩子是故意的，更不会在班上说"有本事你去校长室举报我啊！"进行第二步分析，就更清晰了：孩子是独立的个体，他现阶段的任务是全力以赴学习，以三个月后中考取得好成绩为自己的责任；老师也是独立的个体，他做出自己的判断有自己的思维模式，也是为了让他所带的均分更高。第三步，我们要寻找同理心，这里的同理心不是找二者的结合点，而是寻求同时满足二者心理期待的做法。

我给求助老师分析了老师和孩子的心理之后，提出了自己的建议——

1. 矛盾不一定要解决，如果问题的解决不利于孩子的发展就不要去解决。不如利用孩子的反弹心理，让孩子更好地去自学。告诉孩子"你不让我听课，我就不听，但我要做得比听你的课更好"。这种反弹心理，可以让孩子学得更好。因为他成绩不错，他一定具备较强的自学能力；二是最优秀的学生往往需要很多的自由学习空间，有时老师不管，恰恰更有利于孩子的发展；三是一个人的心气一旦被调动起来，那将会非常了不得。这样就满足了孩子的心理期待。

2. 转告物理老师，这孩子下次再考不好，一定会严厉批评他，这种事情不能再次发生，自己也一定会好好督促这个孩子的。这样就满足了老师的心理期待。

满足了双方的心理期待，效果肯定是 1+1>1。

点燃教师职业幸福的密码

刚踏进4班教室,就被一阵热烈的掌声震住了——

"什么情况?"

"老师,我们为你点赞!"孩子们异口同声的话语让我转不过神来。

"什么情况?"我又一次重复了方才的话语。

此时,语文科代表刘洁妤站了起来说:"中午吃饭时,那根丢在地上的筷子很长时间没有一个人捡,只有您经过的时候弯腰捡了起来,然后很淡然地走开了,我们因有您这样的语文老师而自豪。"

洁妤的话再次激荡起了孩子们的掌声。仅仅是弯腰捡了一根筷子,孩子们就给予了我这么崇高的敬意,让彼时彼刻的我内心很是幸福了一把——为我有这么懂事的学生,更为被孩子们表扬。

再次被学生表扬是在春节过后。我在茅陈璐的师生交流本上看到了这样一段话——

> 老师,寒假作业这么多,您是怎么一篇篇(寒假作业是精选《左传》33篇,选角度写读后感)读过来的,还那么认真地写上评语。为您的尽心敬业点赞,并发三朵小红花。

是的,她在文字下面用笔画上了三朵小红花。用流行语来说,有些"萌萌哒",活泼而不失幽默风趣。实在忍不住,还是和办公室的同事们分享了被表扬的喜悦。因为我控制不住内心的情感。

当我们的教育一直要求老师对孩子们勿用食指而善用大拇指的时候,是否考虑过来自孩子们的点赞也会增加教师的职业幸福感,进而让他们更好地做好教育呢?毕竟教育不是教师单方面的付出,它需要师生之间的良性互动。杜威曾说:"人类本质里最深远的驱策力就是希望具有重要性,希望被赞美。"美国著名心理学家威廉·詹姆士也说:"人类本性上最深的企图之一,就是期望被赞美、钦佩、尊重。"心理学研究表明,爱听赞美是人们出于自尊的需要,是渴求上进,寻求理解、支持和鼓励的表现,是一种正常的心理需求。这种正常的心理需求,怎么能把教师排除在外呢?应该让别人,尤其是学生对教师进行赞美来给予教师自尊、上进的力量,进而使他们感受到职业的幸福,这是让教师热爱教育并做好教育的重要途径。

为此,我决定在自己班上引导孩子们对科任教师点赞。

第一种得意的做法就是,让孩子们在自己的交流本上记录下老师们的感人事迹。然后我这个班主任不断地把孩子们在交流本中呈现出的东西转述给科任教师。

4月27日,周一。天气突然炎热,下午第一节恰恰是体育课,而第二节则是数学课。孩子们结束了大汗淋漓的体育课之后,一个个像小绵羊似的趴在了课桌上,双眼迷离,神志模糊。这个时候,数学老师张玲玲走进了教室,一看这情形,就明白"与其让孩子们坚持上课,不如让他们趴在课桌上睡一会儿"(张老师后续语)。于是张老师就说:"给你们15分钟,先休息,15分钟之后必须认真听课哟!"于是，学生个个都像小猪似的睡下了。15分钟之后，还有很多孩子没有醒来，张老师竟然在45分钟的课堂中，让孩子们睡了近20分钟，然后才开始了授课。

当天的交流小本上，何旻宜写道——

> 从今天开始，我们女生决定喊玲玲姐"女神"了！她真是我们的女神，不但漂亮，而且这么为我们着想。你造（知道）吗老师，她竟然在数学课上让我们睡了20分钟啊。原因是我们上完体育课后都没有精神，天气又那么的热。她真是一个懂我们的好老师，一个不是只死盯着分数而冠以抓紧时间的老师。其实，硬撑着不睡觉，听课效果不见得好。有了精神，听课才可以事半功倍呢。

这段文字，我贴给了张老师。她回复说："九班孩子很懂事儿。"其实我知道，她的心里一定很幸福。

第二种得意的做法就是，作业本上留痕迹。

著名班主任专家陈宇老师说："作业批改，应该成为师生交流的平台。"也就是说，作业不应该是简单地学生做教师批改，它应该承载师生之间心灵与情感的交流，让作业也能变得充满人情味。

于是我告诉孩子们："其实老师批改作业也蛮累的，如果能够对老师的批改做一点儿回应，就像茅陈璐要送给我小红花一样，我相信，老师们会更爱你们。"诚然，我是告诉孩子们要有感而发，而不是为回应而回应。因为回应多了，就和不回应没多少区别。

真的，不断有老师向我"炫耀"孩子们对他们点的赞了——

英语老师王艳红拿来了庄婕好的作业本，上面写着："老师，真的感谢你，周四主科比较多，作业量就比较大，您总是在这天少布置甚至不布置作业。我们因有您这样善解人意的老师而骄傲。"

物理老师丁正福拿来了顾晓逸的作业本，上面写道："老师，您像个大孩子，下课的时候总是喜欢'拖堂'。但您的拖堂不是啰唆地讲解，而是经常和我们玩推手的游戏。喜欢您这样的老师，不摆架子，总能和我们一起玩。当然，我很喜欢你的课哟！因为，我喜欢你这个人。"

化学老师刘友林是个有些拘谨的老师，那天吃早饭的时候，还是忍不住和我分享了他的喜悦，他说："梅老师，你们班的孩子真懂事儿，连批改作业，也能让我感到很舒心。昨天，黄若珽在作业本上留了一句话说：'老师，您的字好帅哟，如果我能写这样好看的字儿就好了。'呵呵，我从来就没见过还有学生在作业本儿上给老师留言的。你们班的孩子开了先例。"

……

虽然老师们没有表现出小孩子才有的忘乎所以，但我能深刻地感受到每个人内心流淌出来的幸福感。所以，他们总是说，到9班上课是一种享受。这份儿幸福中，有教师的付出，也有孩子们回馈的赞吧。

第三种做法是，利用班级报纸，书写教师轶事。

见过不少班级报纸，有师生沟通（大多为班主任与学生交流）、家校沟通、家长心声、学子心声、班级之星等栏目，却很少有关注教师的栏目，不能说这不是一个遗憾。为了更加立体地展示科任老师们的风采，我在班级报纸上开辟了"教师轶事"栏目，让学生收藏老师们日常生活中的点滴美好，然后以小则轶事的方式为每个老师点赞。

例如2015年5月份出版的《羽翾》班报中的几则"教师

轶事"——

1."哎哟,我不小心把垃圾掉在地上了,咋办啊?"地理老师周杰大课间一进教室就"大呼小叫","对不起,前面还有我丢的垃圾啊。"一边说着,一边捡起了地上的垃圾。我们都知道,这不是他丢的。他身体力行,我们还能不知道怎么做吗?(顾浩文供稿)

2."别擦黑板了,我不怎么写字的!"正要擦黑板的瞿子栋被生物老师李岚英阻止了。可是,就那一点空白地方是不够她写的啊。果然,没几分钟,她就默默地从自己口袋里掏出了湿纸巾,然后滑动着手臂将黑板擦得非常干净。突然间,我感觉到李老师好美好美。李老师是怕太多的粉笔灰尘落在前排同学的眼睛里。①如此细心的老师,你见过吗?(宁玛供稿)

3."雨大路滑,请各位路上小心,今天允许迟到。"这是班主任梅老师5月7日5:50分发到家长群里的微信。那时,我们都还在睡觉,他已经起床准备上班了。看到这样的暴雨天气,他及时地发出了这样一条短信。天气不好,主动告诉学生"允许迟到",制度的冰冷中,饱含给我们每个人的最大的温暖。(吴雅文供稿)

……

或许,以上都算不上什么高明的做法。但在孩子们的点赞中,我

---

① 下课擦黑板要求用湿毛巾擦,生物课前子栋忘记了,就着急用干的黑板擦——笔者注

看到了我班科任老师脸上流淌的幸福。有如此幸福的氛围,还会有多少老师不爱孩子们,不爱教师这个职业呢?

如此,何不多让孩子们点点赞呢?为自己的老师助力,也为教育的美好加油!

11　做一只贴着地面的鸡

为迎接考试，每个期末教师们都会对孩子们进行动员，打打鸡血，想通过孩子们的奋力冲击获得最佳的成绩。

可是，动员时的热血沸腾，在学生走出会场后往往会烟消云散，即使有些痕迹，也不过寥寥几天。为什么呢？

试看一个老师的动员词：

> 父母想要看到的，不是分数，而是我们为取得分数而付出的努力；我们看重的，也不应该仅仅是期末考试的那两天，而是我们认真付出的每一天！

老师的意图很简单——让孩子努力拼搏。可是让孩子努力拼搏的动力是什么？不知道！正如你告诉一个孩子，要努力去飞啊。"要"是一个关键词，而"为什么要"是激发动力的因素。可惜这个动员词里缺失了。

这是很多老师的做法，往往是告诉孩子要怎样，而没有告诉孩子"为什么要怎样"。正如突然有个人要你在一张表格上填上你的个人信息，你肯定不填，当你明白是要做户口登记的时候，你就会乖乖去填了。

再看第二个动员词：

> 目标有多远，我们就能走多远。我们的目标和追求不是为了谁，也不是为了证明什么，而是要对得起我们的付出，无愧、无悔于我们的青春！我想，我们的目标也是一个：考出优异成绩，打下坚实基础，向父母汇报，为自己正名！
>
> 比拼就是态度。我们要"比一比，拼一拼"。和谁比？和同班同学比，和同校同学比，和全市同学比；要和自己比，和过去比。比什么？比谁进步，比谁勤奋，比谁刻苦；比谁早，比谁快，比谁硬；比谁少说话，比谁坐得牢，比谁听得进；比谁现在能扎扎实实复习、踏踏实实学习，比谁希望能快快乐乐过假期，轻轻松松休假。怎么比？要"不比阔气比志气"，要"不比基础比进步"，要"不比聪明比勤奋"。一句话：一定要"比"，和自己比，和别人比，和过去比。

真的，有种热血沸腾的感觉，比上一则动员词更让人振奋。突然就想起了一本书，书的名字叫《乌合之众》，说很多时候人有一种在特定场景中被瞬间激发、煽动进而形成一种暂时性力量的特性。这种力量具有暂时性的特征，一旦个体独处或者场景消退或者消失之后，个体就会变得清醒，情绪就会冷却，效果自然也就会减退。这可能就是在发动"鸡血"式动员之后很多人激情不再的原因吧。

提到"鸡血"，想起来了一个关于鸡的故事：

> 狐狸在养鸡场的山崖边立了块碑，上面写道："大胆抛弃你传统的禁锢吧，不勇敢地飞下去，你怎么知道自己原来

也是一只搏击长空的鹰!"

从此以后,狐狸每一天都能在崖底吃到那些摔死的鸡!

一个不切实际的理想有两种结果,一种是最终伤害了自己,另一种则是根本让对象无动于衷。伤害自己的鸡,成了狐狸的食物。再看看那些从高一甚至初一就开始给学生讲述认真的规划或者考什么理想大学的教育行为,真的可以在学生的心灵中种下期望的种子吗?遥远的,是海市蜃楼,而人需要的是普通的民居,甚至是茅草小屋。

于是,在期末动员时,我给孩子们说:朱王绮说,其实我期末想考好的唯一的动力就是用好分数多换点压岁钱,当别人问我爸妈孩子考得怎样的时候,他们可以不惭愧,我在旁边也能抬起头。我觉得,她说得很真实,不为了别的,就为了这个。因为一旦考不好,你懂的。还犹豫什么啊,在自己的课桌旁写下"抬起头"三个字,学去呗!

很庸俗不堪,效果却很好!

与其让孩子们去做搏击长空的鹰,不如做一只贴着地面的鸡。

12　翻转，畅通家校关系

"请你以后不要来学校管我的孩子，在家里她是你的女儿，在学校里她是我的孩子，你没有权力到学校里对我的孩子指手画脚！"电话里，我的声音很大。这是某天，我对班上璇的妈妈的怒吼。

那天，午饭刚结束就有两个女生到办公室里对我说："老师，璇在宿舍里痛哭呢。"

"怎么回事儿？"我的语气里自然是焦急，璇是个一直很努力的姑娘，且性格阳光灿烂，怎么会突然痛哭呢？

"她妈妈今天午饭的时候到宿舍来，把璇骂了一顿，说璇不好好学习，连续三次数学考试班级倒数第一，她丢不起这个人。"

什么？我真的很惊诧，于是就有了开头的电话。

电话那头，璇的妈妈也很惊诧，她无论如何都不会想到有老师会这么对她讲话，一时不知所措。

也就是在她的不知所措之余，我心平气和地说："您怎么这么糊涂啊，您想想，您这么急匆匆地来到学校对孩子劈头盖脸地批评一番有什么好处？何况，这孩子的努力我是看得到的，一个人最大的悲伤就是在自己努力争取却没有获得的时候，周围没有人打气加油，而是冷嘲热讽。何况，今天当着别人的面，来打击自己的是亲妈，孩子能受得了吗？"不能说是语重心长，但我说得很诚恳。"您的批评，不会给孩子带来任何正面的东西，反而会让孩子觉得在同学面前没面子，觉得自己的家庭没有温暖，只有冰冷。这样只会影响到孩子的学习，不可能促进孩子的学习。作为成人，我们为什么不去试着了解孩子，帮助孩子，而要去打击孩子呢？您这是走向教育的反向啊！"

沉默，很长一段的沉默之后，璇的妈妈不停地"忏悔"和表示感谢。她明白了，作为家长应该给予孩子的是温暖和动力，也明白了"回到家才是自己的孩子，在学校里就是老师的孩子"。

"不要来学校管我的孩子"中"我的孩子"，这是典型的身份翻转。韩非子说"人之性情，莫先于父母"，因为这种翻转让家长体会到了老师可以"先于父母"，这是何等的令人感动啊。对孩子真挚的爱，让家长很放心地把孩子交给老师，并信任老师和支持老师。

之后，璇妈总是说："把孩子交给这样的老师，我放心，因为他是一个真心把别人的孩子当作自己孩子的老师。"

畅通家校关系的方式有很多种，例如可以建立微信群、QQ群，可以书信沟通，可以召开家长会议，可以创办班刊、建立班级博客等等。但是，如果要拥有最融洽的家校沟通，我认为就必须坚守"翻转"思想。

所谓翻转是指教师在实际工作中能够暂时放弃传统教育认知的身份或地位，用对方的身份、视角或心理来考量工作中应该关注的内容的一种工作方式。具体到家校沟通上，有三个角度的含义：一是临时抛却教师身份，作为学生"家长"，在家校沟通中，让家长处于从属地位；二是临时抛却教师身份，在班级事务中用家长的心理揣度；三是在日常工作中，教师放下教育的主导地位，和家长们一起做孩子行为的观察者和促进者。

上述案例，其实就是把自己置换为家长，让家长处于"从属"地位的工作方式。

另外就是在工作中，考量家长的心理欲求。其实，很多时候，教师习惯了从"我"的角度思考问题，很少考虑家长的心理诉求。于是很多工作满足不了家长的心理期待，自然也就很难让家校沟通走向真正的顺畅。例如开个家长会，教师总是思考"我应该讲什么"，而很少去考虑如果作为家长，他参加这个家长会想获得什么。于是常规的家长会就成了"感谢家长们参与—班主任介绍班级成绩—科任教师介绍学科状况—再次感谢家长们参与"的固定模式。诚然，在这个过程中家长成了小学生，家长会成了聆听教师们功绩的展示会。

理智地去想想，那些"功绩"是靠这个场合宣扬呢，还是应该通过具体工作让家长们在日常生活中感受？个别交流是应该放在平时呢，还是非要把所有的家长都聚集在一起？可惜我们自以为是地走得太久了，而恰恰忽略了另外一个角度。于是家长会年年开，家长年年不愿来，无他，家长会没有满足家长的心理期待。

因为懂得家长会是把所有家长都召来的大场合，所以，在实际工作中我总是去考虑家长们的心理期待，让他们满意而归。请各位看我们召开的一次家长会的方案：

主题：相信我们，能行的
形式：展示交流
流程：

第一板块　向您汇报

目的：向家长汇报半个学期以来我们取得的进步，给家长树立信心。

原因：我们班曾经被人看不起，也让家长伤透了心，我们要让家长相信我们能行。

活动形式：（略）

第二板块　真情告白

目的：向家长表达我们的决心，展示我们的成长。

原因：有了进步能不能坚持是关键，一定要让家长看到我们不但进步了，而且能够继续创造进步。

活动形式：（略）

第三板块　好家长陈述与评选

目的：让家长陈述自己的教子之道，树立家长典型，让所有的家长都学会陪自己的孩子成长。

原因：有些家长对我们太失望了，需要从别的家长身上吸取经验，更好地服务我们的成长。

活动形式：（略）

第四板块　重生上路

目的：展示我们的感恩，表达我们的决心。

原因：我们的家长需要被震撼，让震撼的效果表达我们成长的愿望，赢得家长的心。

活动形式：（略）

从家长会的主题设计到各个板块的内容，都是在为家长树立信心，让家长在活动中感受成长的力量。① 因为每一个来参加家长会的人都知道这不是一个优秀班，但是我又深知没有一个家长不对自己的孩子抱有希望，哪怕这份希望是渺茫的。这次家长会的设计，恰恰满足了家长们的期待，自然也就取得了良好的效果，也有利于以后班级工作的开展。

教师还要放下主导心理，和家长一起做孩子行为的观察者和促进者。

家校沟通不是简单言语或者文字沟通的行为，因为现代社会言语抑或文字在很多人的心目中是被打折扣的，很多人不信或者不全信。而如果采取更加生动形象的方式，把孩子的行为呈示在家长面前，那就是最好的证明。诚然，这也是家校沟通最直接和有效的方式。

为此，我们每次活动都是孩子们来策划、组织，教师只是一个观察者。因为每次活动会对家长开放，家长也就做了观察者。

那是一次感动小组人物评选活动，君、路、开和宇的妈妈来了。

舞台上孩子们精彩的主持，生动的演出，以及巧妙的背景设置都让家长连连叫好。尤其是每一个候选人上场时，君打开手电权作聚光灯的做法，让家长们捧腹大笑。而一个个"讲故事的人"用精湛的演讲艺术讲述出的感人故事，也让家长们眼睛里渗出了泪花。活动结束时，主持人让家长走上台给当选者颁奖，更让家长们备感欣慰……

是的，孩子们的精彩是对家长最生动的呈示，不需要言语，他们能够感受到班级活力，能够感受到教师的用心。"桃李不言，下自成

---

① 因为我们那个班当时几乎所有的人都不抱有希望——笔者注

蹊",不需要说什么,这就是最好的沟通。

在老师和家长的关注中,也在老师和家长们带有鼓励抑或赞赏的点评语言中,孩子们更能感受到成长的快乐和自豪,进一步激活整个班级。

通过翻转,畅通家校沟通,教育真的可以无限美好。

13 心灵，是可以写诗的

"梅老师，女儿英语极差，学习态度存在严重问题，您教教我怎么办？"这是2015年11月19日山东某校长发给我的短信。

"抱歉，我没有办法。因为孩子不在我班上。"我如此回复。

"？"一个问号，隐藏着他无限的疑问。

"我从来就不相信一次谈话，一种告知，甚至一套所谓的说辞能轻易改变一个人。关系育人才是我的主张。因为'蓬生麻中不扶自直，白沙在涅与之俱黑'，育人的是氛围，不是道理。在我班上，我可以为孩子营造这种氛围，而不在我班上，我只能鞭长莫及。"长长的回复，换回的是校长"我终于明白了。"的感叹。

因为人的内在心理结构具有较强的稳定性，这就决定了每一次谈话、告知、指导甚至批评等等都是对心理表层的暂时调节而已，它无法影响到深层的心理结构。一次次的教育行为，无论教育的程式设置抑或氛围营造有多么好，都无法从根源上解决问题。只有营造一种可以持续不断地影响孩子心理的氛围，才可以让心理表层调节向内在心理结构转变。而教育的现实是，哪个老师也不可能整天追着一个孩子去谈心，那么这种氛围就很难持续存在。所以通过构建人际关系来培育孩子的心灵就成了教育的必然选择之一。

如何才能构建这种"关系"呢？我还是说说泰的故事吧。

"泰不是一个好学生",这几乎是所有老师对他的定义。因此,高二分科他被分到我班时,很多人都对我深表同情。加之我的实习生想在实习的三个月内看到她"崇拜"的"名班主任"是如何转化特殊学生的。本来想等班级建构完毕后再"出手"的我,只好提前对泰"下手"了。

因为早读的连续迟到,那天,我把泰的爸妈约到学校。虽然夫妻俩都是某高校的教授,但作为家长身份来到学校面对我这个班主任的时候,他们还是有些紧张的。让他们来到学校的理由决定了他们会如此。

"哥,姐(对很多家长我都如此称呼),您放心,我让两位来的目的不是问责,孩子的性格过于内向的情况不是一天两天的事情了。我也很奇怪,高一一年竟然没有变化,甚至从高一到现在一次考试作文都没有写过。我想了解一下孩子的情况,咱们想想办法,怎么能让咱孩子从现状中走出来。"我的话说得很委婉。但他妈妈比较直接,"哪里是性格内向,他就是自闭症,早和他爸爸说带孩子去看心理医生,他爸爸就是不让去。"妈妈很生气,自然是生泰爸爸的气。

"既然姐如此直接,那我就不避讳了。"判断没有问题,我不就绕弯了,"是的,孩子有轻微自闭症,但不看心理医生是对的,因为一旦带孩子看心理医生就等于告诉孩子他有心理病,这个标签贴上去可能会适得其反。"从孩子妈妈的眼神中,我知道她接受了我的观点。

在我的引导下,她讲述了一家人很少在一起吃饭、出游、谈心等等事情,"虽在同一个家,但每个人都住在每个人心里的房间里"。

"自闭的原因是什么?就是孩子没有在人群中,没有在一个充满温馨的氛围中,氛围,才是关键。所以,改变孩子,从改变家庭开始。无论您同意还是不同意,两位必须按照我的要求去做,别让外人说两个大学教授家的孩子出了严重的问题，我们丢不起这个人。哥、姐，您说是不是？"我的语气中重轻结合，"每周五晚上必须带孩子去看场电影或者聚餐，周六或周日找个半天一家人出去玩。在孩子面前放下大学教授或家长的架子，让自己年轻一次，疯狂一次，孩子一次。"

是的，因为触及了"两个大学教授家的孩子"这个他们很在意的问题，他们真的就按照我的要求做着改变。

没过几天，是另一个契机——泰的生日。以往过生日，爸妈都是送孩子一个他想要的生日礼物，这次，很特别，泰所在的小组中其他五个同学及其家长都到了他的家里，为他庆祝生日。鲜花、蛋糕、生日派对，还有接下来的卡拉OK……自然，还有我这个班主任从外地打过去的祝福电话，更重要的是小组同学的赞美之词。这些，让泰心情很"嗨"，竟然还在卡拉OK厅唱起了歌儿。

他不知道，这是我、家长、小组成员及其家庭精心策划的生日活动。因为他需要在心理上融入他人，融入到他最常接触到的人的生活里。

意外还是发生了，第一次月考，他依然没有写作文。160分的语文试卷仅仅考了22分。我没有生气，也没有找他谈心，因为谁都知道，此时的"谈心"在孩子的心理上投射的必然是"问责"。

让他写作文的是那个周末的学校作文大赛。让谁去参赛呢？我让孩子们投票选举，结果是张静文和泰。张静文应该是众望所归，而泰呢？学生代表黄春义阐释理由时说："我们班整体上来说是年级最不好的，张静文去参加可以冲击一下名次，我们之所以推举泰是因为他的化学、政治和历史等科目特别好，而且他上课回答问题时总能出奇，作文比赛比的不仅仅是基础，还应该是思维的独特性，我们认为泰是不二的选择。"春义的发言引来了大家的鼓掌。泰的脸上漫延出了复杂的表情，我知道，他一定是矛盾的——兴奋和忐忑交织。

"泰，去吧，相信自己的思维，别去在意结果，你只需把你脑子里流动的东西写出来就行了，可以吗？"我如此对他说。

"好的，我试试吧。"

试试，他竟然完成了1000多字的现场作文，和张静文一起获得了三等奖。

三等奖的奖状和奖品，让泰获得了自信，也赢得了其他同学真心的佩服——这小子思维还真独特，也许以后会了不得。

或许是因为作文比赛获得了自信，那天，讲桌上没人下发历史会考资料，不是科代表的他竟然一个个发了下去。我，看在了眼里。

于是校信通里每个家长都收到了这样一条短信——

> 感谢各位家长的支持，高二（7）班取得了很大的进步，每个孩子的精神面貌都发生了极大变化。尤其让我感动的是，很多孩子会主动为班级服务，为他人着想，例如今天不是历史科代表的泰就主动发历史会考资料。这是一个人最重要的品质之一，我们的孩子在逐步拥有。让我们为梦想继续携手。

您能感受到，如果将所有的文字都集中于表扬泰，会失真。而蜻蜓点水，恰能点水千钧。

发完后，我立即给泰爸打电话——哥，您懂的，校信通要给孩子看，家长群里也一定会讨论，您把有利的记录贴出来，也给孩子看。

有了几次"合作"，泰的爸爸和我默契了很多。

那天，他很兴奋地和孩子分享校信通内容和家长QQ群里的点赞文字。当略带羞涩的笑容爬上孩子的脸颊的时候,泰爸告诉我说,孩子的心灵打开了一道缝儿,甚至一扇窗。他开始愿意和爸爸说班级的事情,说他读到的海阔天空……

如您所料,期中考试来了,他进入高中第一次写了作文,37分。不多,但很开心,他、我以及所有参与这场行动中的人。但谁都没有说,默契,是一种认同,是对所有孩子的德育,更是一种沉甸甸的善良。

"泰,你知道吗?高一时教你语文的许老师告诉我说,'梅老师,你赢了!'因为她和我打赌说,'如果你能让泰写作文,我就服你!'来,握个手,我们要让许老师永远服气!"评讲试卷的当天,我和泰握了一下手。

泰的心灵之门逐步敞开。

实习生结束实习的时候对我说:"梅老师,我相信奇迹,更深信关系,感谢您让我懂得了如何做教育。"

创意班会课的几点原则

——从一节班会课谈起

班会背景

从近日书面交流中,我发现了孩子们之间的矛盾在增多,瑶对杰1的讨厌,珍对君不喜欢,明和飞的矛盾,赐和杰2的不快。为了让大家和好,我召开了这次班会。

创意原则

1.藏目的于无痕。

创意班会课的创意核心不在于形式新颖,而在于能否取得良好的效果。无痕的教育是较高的境界,因为孩子们在不知不觉中受到的教育才是能渗入到灵魂的教育。

"同学们好,一个和我交往了 11 年的朋友,我视他为最知心最可靠的朋友。一年,我做生意赔了 20 万,万般无奈我向他借钱,结果他来了句'我手头很紧,你找别人借吧'。知道吗?那时我心里特别难受,因为我知道他的家境很富裕,当然他也知道此时我的狼狈。什么东西让你心痛?就是在你最危难的时候最信任的朋友背过去的身影。11年，我没有看懂朋友。那么，大家相处3年，真的能懂对方吗？我不想让大家在毕业分别的时候还带着疑问的眼睛审视周围的每一个人，我想通过今天的班会课让大家相互了解。"

孩子们能感受到我情感的流动，毕竟这是真事儿，毕竟我在真情地述说。可他们猜不透我葫芦里卖的什么药，以为是让大家相互了解。教育就是这样，如果让学生完全明白了你的底牌，也就削弱了教育的效果。

"为了更好地让大家了解，现在邀请六对同学两两面对面坐，其余同学坐在四周观看。"

六对中包括瑶和杰1的对坐，珍和君的对坐。明和飞以及赐和杰2不在对坐之列。选择六对，是为了将这两对融在集体中，不让他们参透班会的针对性，放过另外的两对是为了看此次班会能否侧击他们的灵魂。

2. 打破常规程式。

创意之所以成为创意，重要的一点就是打破了常规程式。

"现在，请六对同学拿起笔，写对面同学的缺点。不要客气，只有真实地写出对方的缺点，才能真正地帮助他，也才能让大家真切地了解他。"

大约5分钟过后，他们交出了自己的"答卷"。我特别注意到了那两对"冤家"。

瑶的笔下杰1是一个脾气怪异的人，不务正业，我行我素，目无老师，孤僻散漫，没有同学观念。杰1的笔下瑶自以为是，总以为自己的成绩好，就目中无人。珍的笔下君是一个没有女人味儿，疯疯癫癫的，没有修养，极爱欺负低年级女生的人。君的笔下珍是个小心眼，莫名其妙，又爱装小可爱的人。

写优点的班会课，很多班主任开过，也是班主任的基本套路，大多数孩子从小学就这么被"操作过"，如果一个中学班主任再这么做，就有些小儿科了。且这次班会课上我抓住了学生的心理，因为有"仇恨"作怪，写对方缺点他们会毫不留情。

3. 寓立于破之中。

教育有一种手段叫迂回，结果就会暴露目的，目的越早地暴露，在孩子们心中留下的印象就越浅薄，自然教育效果也不会理想。

写完缺点之后，我问"谁愿意为他们的缺点辩解？"

这个环节很动人——

梦丹说杰1从高一就被别人看不起，还记得在一次家长会上，所有的老师都说他成绩差，所有的同学都指责他。就是从那之后，杰1变得孤僻，甚至自暴自弃了。其实他是个爱好很广泛的人，尤其是电脑水平很高。

梦丹的话让杰1的眼睛里溢满了泪水，但他没有哭。我看到了旁边很多同学愣神的样子，其中包括瑶。

萍说瑶很好，她就嫉妒梦丹，因为梦丹总考第一名，瑶只能考第二。瑶怕别人影响她学习，影响她追赶梦丹，她好像目中无人，可在宿舍里她是一个大家都非常喜欢的人。

瑜说君其实很可怜，别看她在学校里疯疯癫癫，好像很霸道，其实在家里她很痛苦。爸爸不想让她学她喜欢的美术，这么大了，还会打她，她是在学校里用玩世不恭来掩盖内心的痛苦。

瑶说珍是一个内向的孩子，可是她总是在班上受男生的欺负。她很想和别人一起玩，可是别人总是莫名其妙地排斥她。

……

讲述的人动情，被讲的人泪光闪动。

上个阶段指出了同学的缺点，这里就让其他同学"破"这个缺点。正是这个"破"让人感受到每个孩子的立体，也开始为问题的解决而"立"。正因如此，本来有些嬉笑的教室里，竟然出奇的沉默了。

4. 止于当止之时。

文贵豹尾，课堂亦然，班会课自然也是，一节班会课要在该停止时停下来，形成余音袅袅、激荡人心的作用。如果画蛇添足，那种在孩子心头激起的涟漪会因之消释。

接下来我让每个孩子把此刻内心最真实的想法告诉对面的那个同学。

杰1说：我不想被人看不起，我也想做个优秀的人，做个让大家看得起的人，请大家接纳我。

瑶说：我愿意放下自私的想法，和大家一起分享学习的快乐。

君说：每个人背后都有不幸，不管别的，但愿我们大家在一起时，能珍惜彼此，能够一起幸福。

珍说：拉我一把，别让我孤单。

当真实的自我呈现在同学面前时，一切都显得真实、动人、血肉丰满。教室里的空气似乎凝固了，真情弥漫着、荡漾着，孩子们在沉思、反省，在被深深地触动着。此时，我知道，火候差不多了，就自然进入了下一个环节：给你一句我的心里话。

瑶说：杰1，我愿意帮你学好，相信我。

杰1说：瑶，对不起，我对你有偏见，我会改正自己的。

君说：珍，从现在开始，我会珍惜你。

珍说：君，没事到我家来，我妈特喜欢有同学到我家玩儿。

此刻，很多班主任往往会画蛇添足，让其他同学谈感受。其实不必的，谈了，就消解了此刻的感动。

"下次班会,让我们继续感动……"

说着,我走出了教室。

效果汇报

后来有同学告诉我说,教室里安静了很久,每个人的内心都是一池波澜。那些矛盾重重的孩子,也因之而贴近了心灵。

15 "破窗"的误区及妙用

随着"破窗理论"逐渐被认知和接受,本来在经济学中广泛运用的理论,在教育中也有了它的市场。

我是个好奇的人,喜欢对新的发现"刨根究底"。于是我就搜索所有与"破窗理论"相关的教育类文章。结果,颇令人失望。因为接近100%的探讨者都将之误用,或者仅仅将之作为一种理论。

本文,我谈谈自己的理解。

一、"破窗理论"及内涵分析

美国斯坦福大学心理学家菲利普·詹巴斗（Philip Zimbardo）进行过一项试验。他找了两辆一模一样的汽车,把其中的一辆摆在帕罗阿尔托的中产阶级社区,而另一辆停在相对杂乱的布朗克斯街区。停在布朗克斯的那一辆,他把车牌摘掉了,并且把顶棚打开。结果这辆车一天之内就给人偷走了,而放在帕罗阿尔托的那一辆,摆了一个星期也无人问津。后来,詹巴斗用锤子把那辆车的玻璃敲了个大洞。结果呢?仅仅过了几个小时,它就不见了。

以这项试验为基础,政治学家威尔逊和犯罪学家凯琳提出了一个"破窗理论"。理论认为:如果有人打坏了一个建筑物的窗户玻璃,而这扇窗户又得不到及时的维修,别人就可能受到某些暗示性的纵容去打烂更多的窗户玻璃。久而久之，这些破窗户就给人造成一种无序的感觉。结果在这种公众麻木不仁的氛围中，犯罪就会滋生、猖獗。

我们来分析这种理论，不难发现它有三个关键点：

1. 对"破窗"的出现要及时修补，强调办事的时效性，拖延处理就可能造成更大的损失。

2. 对小事的出现一定要严肃处理，否则这种"麻木不仁"的"从罪心理"就会蔓延开来。

3. 管理者要建立完备的制度体系，避免制度体系中出现"破窗"。

基于以上三个关键点，"破窗理论"在经济学和政治学的管理中具有相当重要的启示作用，在实际的运用操作中也切实起到了很好的效果。但是，教育是培养人的行为，它是一种很特殊的过程。因此，盲目地将"破窗理论"的关键点嫁接到教育管理中来，就会产生误区。

二、"破窗理论"在教育管理中的应用误区

盲目嫁接"破窗理论"，而忽视教育的特殊性，在实际运用过程中就会出现如下误区——

1. 小事严厉处理。基于"破窗理论"的启示，为了避免管理中个别学生的不正当行为带来班级内部行为的蔓延之势。教师在管理中，总是对学生所犯的小事处以严厉的惩罚，怕班级中的这一个黑点成为毁"千里之堤"的"蚁穴"。

著名心理学教师熊荣老师认为："学生之所以是学生，就是因为他们的知识构成和人格成长都存在着这样或者那样的不足。"所以，因为他们是学生，就必然会有行为中的不足，如果老师因为这点不足而对学生严厉处理的话，不知道会有多少未来的爱迪生、爱因斯坦们

被扼杀。

2. 错误即时批评。"破窗"造成蔓延之势的一个重要原因就是没有及时修补，如果及时修补，蔓延似乎难以形成。于是盲目者就会在学生犯下错误的时候，立即对学生进行批评。

记得人教版语文教材八年级下有《我的母亲》一文，胡适在回忆他的母亲对自己的教导的时候说，他的母亲总是在第二天或者夜深人静的时候批评自己，原因就是给一个自省的时间，同时也照顾自己的自尊心。老师们常常说，在批评某某学生的时候他还有逆反心理，殊不知逆反的产生很大程度上和"即时"有关，何况如黄燕亚老师所说"教育不是告诉孩子哪里错了，而是告诉他什么是正确的"。

3. 强化班级制度。因为"破窗"的存在，所以别人就可能受到某些暗示性的纵容去打烂更多的窗户玻璃。教育管理中，教师为避免出现这种暗示性的"破窗"，总是费尽心机制定更加完备的"制度"并严格执行。从政治学现实来看，制度避免不了犯罪的滋生，严刑酷法从来都不是管理的最佳选择。管理中的"德政"和"制度"结合才是最好的方式。同样是熊荣老师的话——如果你和学生因为制度的执行有了冲突，不管原因是什么，你已经败了一局。教育是人格影响人格，灵魂塑造灵魂的行为，制度代替不了人文，"教育的堵"从来都不是正确的选择。多如牛毛的制度条文，只能让学生讨厌这个老师或班级。

三、"破窗理论"在教育管理中的应用方式

那么如何在教育管理中运用"破窗理论"呢？我们先看一个故事——

18世纪的纽约以脏乱差闻名,环境恶劣,同时犯罪猖獗,地铁里的情况尤为严重,是罪恶的延伸地,平均每7个逃票的人中就有一个通缉犯,每20个逃票的人中有一个携带武器者。1994年,新任警察局长布拉顿开始治理纽约。他从地铁的车厢开始治理:车厢干净了,站台跟着也变干净了,站台干净了,阶梯也随之整洁了,随后街道也干净了,然后旁边的街道也干净了,后来整个社区干净了,最后整个纽约变了样,变整洁漂亮了。现在纽约是全美国治理最出色的都市之一,这件事也被称为"纽约引爆点"。

这个故事启示我们,如果整个班级就是无可救药麻木不仁的被蔓延者的话,只要选中了其中的"地铁的车厢",然后逐步"蔓延",就能够将整个班级管理好。这其实是一种"破窗理论"的反向运用——从一点点的"补窗"开始。

具体来说,可以在班级管理中做几件事情。

1. 稳抓亮点建设,宣扬正面榜样。

正如纽约对"地铁的车厢"治理,它不是最终的目的,只是手段,是稳固"后方"的一个点而已。古人告诉我们"不积跬步,无以至千里","千里"是班级管理的理想状态,而"跬步"的积累是关键。对于班级管理来说,千万不要幻想"一嘴吃个胖子",只要做好其中的一点,然后稳固(而不是拥有或者设立)了这个点,那么班级管理其实就前进了一步。

抓住了这个点,应该说是代表班级积极向上一面的"亮点",就要发挥亮点的作用,而要发挥这个作用就是大力宣传正面的榜样。还是黄燕亚老师所说的"教育不是告诉孩子哪里错了,而是告诉他什么是正确的",是一颗星星,就能点亮一片夜空,哪怕一只萤火虫也可以点亮一片黑暗。所以,稳固了班级的"亮点",并将之大力宣扬,班级管理的第一步就算完成了。

2. 延时批评错误,学会教育等待。

卢梭说过,"不管你多么小心,如果一个小孩子还是捣了一些乱和打碎了一些有用的东西,……不要让他听到一句责备他的话,而且最好不要让他觉察到他使你感到痛心;你要做出好像那个家具是自行坏了的样子,最后,如果能做到一声不吭的话,我倒认为反而会收到很大的效果。""一声不吭"恰恰就是给学生一个反省的时间,有时候"你一开口批评就证明了你自己的失败"。教育应该少一些批评,多一些引导;少一些即时批评,多一些反省的时间。苏霍姆林斯基曾这样写道:要像对待荷叶上的露珠一样,小心翼翼地保护学生幼小的心灵。学生的自尊心是脆弱的,需要得到别人的尊重和赏识。即时的批评只会伤害到学生的自尊心。

"十年树木,百年树人",教育是个过程,是个漫长的过程,因此对于班级的管理,要满怀期待,但不要幻想一步到位。

3. 构建管理系统,定点逐步推进。

一如纽约市如何由"地铁的车厢"到整个"美丽的纽约",它经历了"车厢干净了,站台跟着也变干净了,站台干净了,阶梯也随之整洁了,随后街道也干净了,然后旁边的街道也干净了,后来整个社区干净了,最后整个纽约变了样,变整洁漂亮了"的过程,这个过程是稳固一个"亮点"后,有计划有步骤地逐渐"蚕食"而成功的。而这个计划和步骤的逐步推进其实就是一个完整的体系。只有拥有了完整的前进体系,然后定点逐步推进才能达到最终的目的。

班级管理中,班级管理者在稳固并宣传好班级"亮点"的同时,一定要构建完整的班级管理系统，然手按照这个系统定点逐步推进，以求最终达到班级管理的理想化状态。

机械运用理论，只会适得其反，有时变换个角度，或许效果更好。谨此，供同仁批评！

第三辑

带上自己做教师

韩寒说:"我们听过无数的道理,却仍旧过不好这一生。"教育也一样,我们听过很多教育的大道理,但教育却依然不堪。原因何在?你的头脑成了别人思想的跑马场,没有从自己出发,没有从自己的生活出发。带上自己做教师,你将成长为独特的自己,发现教育的真谛,找到从现实中突围的路径。

01 用敬畏的态度做教师

"很遗憾,胎儿身上有现在很少见的弓形虫,出生后不是有智力缺陷就是有身体缺陷。"医生用充满歉意的手势和语气告诉我们夫妻俩。

那是2004年12月在江苏无锡的一个传染病研究所里发生的事情。

无数个日子,我的头贴近妻子凸起的腹部幸福地喊着的宝贝难道会有某种缺陷吗?我和妻木木地走出研究所的大门。就是在即将跨出门口的刹那,妻子的眼睛里放射出一种狠狠的坚毅:"老公,无论孩子有没有缺陷,我都要把她生下来,因为她是一条生命,她是我们的孩子。"没有言语,我只有紧紧地握住妻子的手。"如果她有缺陷,我们就十倍百倍地去爱她,因为她是个可怜的孩子;如果她没有缺陷,我们就千倍万倍地去爱她,因为她是上帝对我们最大的恩赐。"

2005年5月,女儿的健康到来让我的世界阳光一片,但也让我深深地明白:一个孩子能够出生是一种奇迹,能够健健康康地出生更是一种奇迹,而能够在生命的旅途中与我相遇甚至相伴几年则是更大的奇迹。所以,我珍视每一个和我相遇的孩子,我懂得了敬畏每一个孩子的生命。

遇到杰,是2005年之后的事情。

刚带那个班，就有同学和同事告诉我："千万不要去惹杰，也不要去联系他的爸爸，他是半个疯子，他爸是一个疯子。"

奇怪的是，阿杰逃课那次，我不得已拨通他爸爸电话的时候，话筒里传来的竟然是爽朗的笑声和爽快的回答："感谢梅老师，凡是你的决定我都会支持。"这个人和疯子完全不搭界。但接下来的数学考试却似乎印证了阿杰是半个疯子的传言——0分。高中生数学可以考0分？但这就是事实。

这次事实的出现也让我了解到了阿杰和他爸爸成为"疯子"的原因。曾经一次家长会上，身为"差生"的阿杰自然就成了班主任和科任老师投诉的对象。面对各个老师几乎众口一词的"不可救药、不可理喻"之类的话语以及伴随而来的唉声叹气，阿杰的爸爸发作了。当着办公室那么多老师的面，他拍案而骂："只有你们这些差劲的老师才教出我儿子这样差劲的学生；只有你们这个差劲的学校才有你们这群差劲的老师。"老师们惊呆了，惊呆的结果就是他爸爸是个疯子，而阿杰自然也就在老师们的视野之外了。自然，他数学考0分也不是什么奇怪的事情了，因为他基础差，因为他之后更加的自暴自弃。

和阿杰的第一次谈话很简单——

"兄弟，"听到这声"兄弟"他颇为一愣，"如果我告诉你，我的数学在初二时只能考0到20分之间你相信吗？"

"不信！"没有任何犹豫。

"人格担保！请相信我的人格。"我的话很坚决，"但中考时我的数学是满分的，你信吗？"他没有回答，面无表情地看着我。

"你肯定想知道奇迹是怎么发生的。"他依然是沉默。

"你想不想学好它，这是关键。"一说到这里，他的眼神告诉我他对我是不屑的，因为"关键是你想不想学好它"这类的话不知道被多少老师说过多少遍。他要的是实实在在的方法,而不是这些空话。

"你一天问同学或老师一个题目,选择题和填空题不算,要有详细的解题步骤,并把步骤记录在一个专门的笔记本上,然后讲给我听,能做到吗?"

"能。"他抬眼看了我一下说。

"那好,明天开始就这么做。如果期中考试你考不到 30 分,我请你吃饭;如果你超过 30 分,那你要请我吃饭。"没有商量的余地,我递给了他一个笔记本后,就开始了我们的"合作"。

他每天问别人问题,然后整理在那个专门的笔记本上,再讲给我听。每天如此。

两个月后的期中考试,他的数学成绩竟然真的就超过了 30 分。45 分!我没有在班上表扬他,因为这不是一个值得表扬的分数,我懂得有时候表扬的作用是相反的。那天中午我带他出了校门,让他请我吃了碗兰州拉面。

在班级召开的家长会上,我第一次见到了他的"疯爸爸",一个瘦骨嶙峋不修边幅的男人。还没有说话,他就给了我一个大大的拥抱:"梅老师,你救了阿杰,救了我们全家啊!"因为阿杰逐渐懂得了如何去学习,因为他的爸爸感受到了孩子的变化。

教育中从来都不应该存在拯救学生的说法,只有老师是否懂得尊重生命、敬畏生命的选择。一个懂得敬畏生命的教师,就一定能感受到每个独特生命的鲜活,就一定能让每个孩子灿烂出属于自己的春天。

但,敬畏生命的前提不是敬,而是畏。因为"敬"其实含有"我施",敬与不敬的主动权在我;而"畏"的前提在"彼",主动权不在我而在彼。郑杰老师有言,"除了上帝,谁也没有资格轻易地告诉孩子该怎么做"。然而教育的现实是，教师总是以师长自居，以智者自居，以先知自居，总是从主观自我出发告诉孩子们该怎么做；总是认定自己应该"为人师表"，自己就应该是学生成长的模板；总是认定自己是"人类灵魂的工程师"，所以就以自己的认知来构建孩子的未来。

一直喜欢德尔菲神庙上的那两句话：认识你自己，凡事勿过度。前者是认知，后者是实践。但前者是前提，如果忽视了这个前提就会有做事过度的误区出现。这里的"度"，其实就是一种准则，就是"我该做什么"。一位教师如果不能够认识自己就不可能懂得"我该做什么"这个最核心的问题。因为在教育当中，我该做什么远远比我能做什么重要得多。在错误的道路上走得越执著犯下的错误就可能越大，只有在正确的道路上走得勇敢才叫智慧。

真正去审视自我，是源于与自己女儿的朝夕相处。一次，对她严厉地批评之后，她竟然眼含着泪珠给我送来了一瓶牛奶，还说："爸爸，我原谅你了。"虽然她不懂得道歉是什么，但她对我的原谅还是触动了我的灵魂——孩子的世界，远远比成人的世界纯净得多。难怪有人说"儿童是成人的父亲"。于是我就大量阅读与儿童相关的书籍，于是就遇到了蒙台梭利。在他的成长圆环中，一个初生的儿童处于成长圆环的蓝色区域，是更趋向于内环红色区域的，而红色区域代表的恰恰是真善美。成人处于蓝色区域之外的白色区域，是更容易趋向于外层深红色区域的，而深红色区域代表的恰恰是假丑恶。如此说来，哪一个成人有资格去要求孩子们按照自己的方向前进呢？

何况，教师大都是出了校门进校门的，相对于广阔的世界，我们的知识视域和思维视域都有很大的局限性。用自己有限的东西去引领众多的孩子成长，这是多么荒谬的事情。可是很多人不愿意承认这个事实。

从儿童心理现实来说，老师改变一个孩子真的那么容易吗？孙绍振先生说："一个人的心理结构，其内在的结构，从表层到深层都具有相当的稳定性，即使外部条件有了某些改变，例如父母的责备、老师的鼓励等等，人物的心理在表层也可能做出一些调节，例如痛下决心用功读书之类，但是其深层是超稳定的，表层的一般调节不会影响到深层的稳定，因而表层的调节，尽管是真诚的，但不用多久，就会被深层结构的反调节消解。"一个孩子的内在心理结构的稳定性是在7岁之前形成的。也就是说，改变一个孩子没那么容易，不要盲目夸大老师的"教育功能"。

总体而言，无论教师的人格、视域，还是学生的心理现实都决定了教师没有资格站在那里以一棵树的形象告诉孩子要按照自己的要求去生长。所以教师要懂得敬畏生命，懂得畏惧生命。我们不能轻易地对孩子的成长指手画脚，更没有资格去严格规范，盲目要求孩子成长。因为您给的方向不一定正确，因为或许您自己都不知道真正的方向在哪里。人生没有回头，成长来不得试验。所以我们不能站在那里去"引领"成长，谁都没有资格轻易地这么做。那么，教师该做什么？就是俯下身子为孩子的成长搭建动起平台。如果说孩子是一粒粒的种子的话，教师应该做的是给孩子提供土壤和化肥，而不是给学生一个标杆或制定成长的框框。

所以现实中的"管理班级"，就是以班主任为顶层的，班长、副班长等构成的金字塔结构。它是不符合教育需要的，因为班主任不应该有资格站在顶层。何况在这样的班级结构里面的孩子得到锻炼的机会都是不平等的。而进行所谓的"自主化管理"就更显不伦不类了。因为教师都没有资格站在顶层，让孩子们自己管理自己不是更不可能吗？即使班规是自我制定的，而实质则是"请君入瓮"而已；即使教师放权给了学生，而实质是少数人管理监督多数人甚至是相互监督的严密机制而已。教育，不是为了管理学生，而是为了发展学生；不是为了发展少数学生，而是让所有的学生都能够自由地健康地蓬勃地发展。

于是我构想一种没有班干部，让每个孩子都获得平等心理和平等发展机会的班级生态；我构想一种没有管理者，班级不会出乱子却又能充满生机的班级生态；我构想让每个孩子的个性都能得到保护，能力都能获得最大限度发展的班级生态。在这种班级生态中，基于对自我的认知，我只做平台的搭建和动力给予的工作，俯下身子为孩子的成长服务而不是站起来指手画脚。

但真正将这种理想付诸实践，是2009年我遭遇了高二（3）班后。

这是一个借助高二文理分科从各个班级抽出来的"差生"组成的36人班级。有文科生、理科生，还有艺术生。这是一个每个孩子都可以"独当一面"的班级。高二第一次摸底考试，在总分440分的情况下，我班总平均分只有164分，其中数学平均分只有26.5分。

是的，这是一个被人放弃的班级。校长给我的目标就是"只要不出大事就行"。我不想说我很高尚，看到一个个"奇形怪状"的学生我也头疼。但是没有办法，因为我已经做了这个班的班主任，和这些孩子相遇，是奇迹中的奇迹。但是因为我的脑子里有一种理想的班级生态存在，有一种美好的图景存在，我不想放弃他们。

这种理想的班级生态就是我所提倡的班级委员会制度，而这种美好的图景就是让每个孩子都能够在我的班级里自由地快乐地最大限度地生长。

经过一个多月的观察，根据学生的爱好、兴趣、特长等等，在孩子们自愿的基础上，我们在班上成立了6个委员会。最初的委员会名称叫班级学习与分享委员会、班级艺术体育委员会、班级游戏开发委员会、班级演讲与口才委员会、班级礼仪展示委员会、班级歌曲探索委员会（后来名称有不同的整合和更换）。除了班级学习与分享委员会直接关涉学习之外，其他几个委员会似乎都与学习无关。我对各个委员会只有一个要求：做出水平。所谓的做出水平就是能够在自己所"从事"的领域里超出别人。后来有不少老师问我："梅老师，我们班学生不学习怎么办？"我通常的回答是"没有办法"，因为冰冻三尺非一日之寒。没有任何一个人是天生不爱学习的，而不学习的同学往往都失去了维护自我尊严的动力。激活孩子尊严的唯一途径就是活动，能够发挥他个性特长的活动。班级委员会制度基本上不直接关涉学习，只是让孩子们立足于他们的爱好特长去"玩"。因为几个有相同爱好的同学，在"智慧共享"的基础上，是可以"玩"出水平的。人获得自尊的最原始的动力是成就感，人一旦获得了成就就能够获得别人的赞许，而赞许多了就会形成自我的荣誉感；荣誉感的增强就会激活孩子内在的尊严感，人一旦有了尊严就会拥有维护尊严的动力；有了维护尊严的动力也就激活了一个个灵魂。灵魂活了，没有一个学生会不追求分数。所以我一直认为做教育最有效的途径是活动，而分数（成绩）和其他综合素养都是活动的副产品。谁把分数当作了主产品，谁就没有认识教育的本质，也就失去了未来。

委员会由常委和委员组成。但委员会内部，没有谁是管理者，每个人都是委员会中平等的成员。常委只是委员会活动的组织者，谁有能力集合起大家的智慧让委员会的活动更丰富更有水平，谁就可以做常委。而一旦不合格就会被自动更换，不需要向任何人请示。这就保证了委员会内部每个成员的心理都是平等的，在活动中每个孩子的灵魂都可以得到自由的舒展。而不像"管理"模式下，甚至一个小小的组长都有权力去管理别人，从而造成孩子们心理上会有阶差的存在一样。我一直觉得，教育的平等首要的不是教育机会的均等，而是在同一个集体内部每个孩子心理的平等。只有心理的平等才有真正的心理舒张。

委员会之间也不具备任何协作关系，它们之间是独立的存在。自然也就形成了班级公共事务的竞争机制。这种竞争不是谁把谁比下去，而是通过委员会内部的精诚合作展示出自己超出别人的能力，从而获得做某种事务的机会。例如开家长会，这是班级的大事，也是很多班主任头疼的事情。而在我们高二（3）班，我只需说一句"要开家长会了，每个委员会策划一种方案，哪个委员会的方案好咱就按照哪个委员会的方案召开"。他们就会进行内部集体合作，设计出本委员会可以到达的高水平方案。而几个方案之一，自然也就是代表班级的最高水平了。这样既可以激起每个委员会之间的竞争，又可以增强每个委员会内部的凝聚力和创造力，还可以让班级的每项工作都做到班级可以达到的极致。因为教育不是老师能力的展示，而应该是提供让孩子们尽可能丰富成长的机会。这样的内部合作和外部竞争的行走方式，转化了孩子们做事情的"任务感"，形成了争做事情的"荣誉感"。将任务转化为荣誉是我带班路径中的创意之作和得意之作。

自然，每个委员会都有自己详细的活动章程。章程包括活动时间、活动内容、活动目标等等项目。这种有计划的活动章程确保了每个委员会的活动有序进行，也为接下来的展示活动打下了坚实的"物质"基础。

因为委员会活动基于每个孩子的爱好特长，所以每个孩子的参与积极性都很高；因为凝聚了有相同爱好的同学的"集体智慧"，所以就确保了活动的高水准。自然每个孩子都获得了身心的愉悦，最终获得了成就感。例如我们班因成绩一塌糊涂而一向沉默的阿玉，她的极速漫画无论是速度和水平都让人钦佩不已，自然也就在班内形成了她的"粉丝团"。从她嘴角溢出的笑容中我知道了她的幸福。一向霸道而失去人心的颖，因为在委员会的内部活动中具有良好的组织策划能力而重新获得了友谊。

我明白让一个人持续朝某个方向前进的重要途径是收获，在我明显地感受到了孩子们收获的同时，我思考如何让收获效能最大化。后来我就发现了展示的方法，让展示活动赢得别人的赞许，让赞许赢得进一步的收获。如此良性上升是成长的美好路径，也是丰盈孩子们内心的美好方式。于是每个周五的最后一节课，当别班召开班会的时候，我们班级却在开展每个委员会的展示活动。展示和文娱活动的穿插，让每个在别人看来枯燥的日子成为了我们的节日。因为每一个委员会发展的方向不一致，所以展示之后每个委员会都感觉自己是赢家，每个委员会都能够获得自己的成就感。

为了让展示活动功能最大化，后来委员会活动逐渐走出了教室，走向了更广阔的学校舞台。同学们会利用下午活动课和中午时间，在学生来往稠密的"交通要道"搭建起展示的舞台。或室外辩论，或歌唱展播，或主题演讲，或奇思妙想，或游戏妙招，或书画展示……高二（3）班的孩子们在张扬个性、发展自己的同时，越来越被其他班级的同学羡慕，越来越被领导认可。往常被人一提起就嗤之以鼻的高二（3）班逐渐成为了别人交口称赞的班级。

当然，我必须坦诚地说事情的行进不会如文字叙述的那么简单和轻松。即使是这个班级委员会制度，学校领导就不会认同，家长也认为班主任在带领学生瞎搞。因为我们的所有行为指向的不是家长热切期望的分数，所以家长不理解；因为我的行为不是管理而是在领导眼里的带领孩子们玩，他们不会接受。所以其间有向家长苦口婆心的解释，也有激烈的争吵，更有向领导的苦苦哀求争取……

从自身的经历中我懂得了，人的成长需要两种东西：一是成长的舞台，一是成长的动力。如果说班级委员会给了孩子们成长的舞台的话，我还需要给予孩子们动力。很多朋友质疑说："你不是说教师要俯下身子而不能引领学生吗？你怎么在这里又说给学生动力？"诚如前文所言，如果孩子是种子的话，班主任要起的应该是土地和化肥的作用。土地是舞台，而化肥则是动力。化肥不是给种子方向，而是激发种子生长的内在驱动力。

所以每天，我会和孩子们一起读《班级励志教程》，我会通过文字的交流、视频的赏析或班会的演讲等多种形式为孩子们注入动力。

例如在我为《班级励志教程》写下的卷首语——

责任的力量
——写给我的孩子们

和每个人一样，我埋怨过别人对我的不公，我诅咒过别人对我的诋毁，我愤怒过别人对我的蔑视……

可是，今天，我不再这样，因为我明白了所有的造成都是自作自受，我明白了所有的后果都必须自己来负，所有的责任都必须自己来担。正如我们 7 班，你抱怨过你被分到了这个班，你还抱怨过你高一时被分到了那个班，你应该还抱怨过你所在的这所学校。

可是孩子，如果你初中用尽了全力拼搏，你会到这个学校吗？你会在高一分到那个班吗？如果你高一努力奋斗，你会分到我们这个班吗？

不会，一定不会！一切都是我们自己一手造成的，我们有什么资格埋怨别人？什么资格都没有，因为我们都不配去埋怨去抱怨去忿忿不平。

懦夫会在抱怨中错过追赶的机会，会在堕落中让别人进一步鄙视，我不知道，你的不努力，到底想堕落给谁看？而勇士会说："是的，一切都是我造成的，我的责任我来担！"然后，他会整理心情，树起斗志，昂首出发。因为他们明白，抱怨没有用，一切靠自己。自己的后果自己担，自己的尊严自己争！

同学们，担起自己的责任吧，只有勇敢地担起自己的责任，才证明你是一个用灵魂站立的人，你才走在了证明自己尊严的路上。

或许，你会说我真的不如别人。

我不想说你是个懦夫，因为当初就有人怀疑过抗日将领马占山：日本人的武器装备精良，战斗力很强，你明明知道打不过他们为什么还要打？

马占山回答：就算打不过，我也要甩他一身鼻涕！

请问，你有这份精神吗？你敢用自己最大的努力，最大的努力，来证明一次自己吗？

真正的懦夫不是能力的低下，而是还没有出发就认输了。曾经坚信，人是这个宇宙最伟大的精灵，因为比人类凶猛的生物多得是，但正是人类统治这个世间。这或许就是动物的头朝前低着，而我们的头颅高昂朝上的原因吧。

就因为如此，我总是感觉自己活一遭是多么的神圣，如果我的人生也碌碌无为地过去了,我和猪狗以及其他动物有何区别?所以,我珍惜我的存在,我珍惜我的生命,于是我努力做到最好。这是我的责任,我必须勇敢地担起让我的生命精彩绽放的责任!

孩子,如果你差,那考不上高中的人不是更差吗?如果你差,那另一所高中的人不是更差吗?你知道吗?即使在我们学校,最好的班级和最差的班级入学平均分相差也就10多分而已,10多分就能证明你是笨蛋而别人是天使吗?你信吗?你愿意承认吗?

是的,正是因为你从来没有珍惜过你的生命存在,你没有认为自己是最优秀的一员,你没有舍我其谁的霸气,你才到了今天。

每个人都可以是最美的风景,只是有人没有担起让她美好的责任,堕落了。如果你愿意,你愿意全力以赴,你愿意对得起最伟大的生命存在。抑或说,你愿意把自己当作一个伟大高于一切生命的人,那么你就勇敢地担起让自己优秀的责任吧。因为你不比任何人差,你不是不能优秀,而是你不肯优秀,而是你没有像勇士一样冲向优秀的气概。

尼采说:每个不曾起舞的日子都是对生命的辜负。

你是那个辜负自己生命、败坏自己生命的人吗?

更何况,我们都经历了那么多不屑、不公甚至白眼、蔑视。

陀思妥耶夫斯基说:我怕我配不上自己所受的苦难!

我们经历了那么多,你不怕吗?你不怕对不起自己吗?

孩子,别让自己的苦难白受,别让自己的生命凋零枯萎。担起责任，像个男人一样，冲刺吧。

岁月会为你作证：责任的力量——

石破天惊！

舞台的搭建和动力的给予使高二（3）班，也就是后来的高三（3）班成了一个充满生机的班级，成了一个盛满别人艳羡目光的班级。于是，当初被校长制定的"只要不出大事就行"的目标变成了高三时的高考要有16个本科的目标，这个目标是所有班级中最高的。

那个由"精英人物"组成的班级不但没有因为事故频发、乱子不断而沉沦不堪，反倒成为了贫瘠的土地上硬生生地开出的异样的花。

不少人问过我："你的班级没有班干部怎么会不出乱子呢？"其实，道理很简单，无事才会生非，有事情做，孩子们自然不会惹事。建立在孩子们兴趣、爱好、特长基础上的班级委员会让每个孩子都有事情可做，而且能够快快乐乐地有事情做，通过展示活动还可以让孩子们快快乐乐可持续地有事情做，谁还有闲情惹是生非呢？总是有很多寻求问题解决途径的老师，却少有思考如何不让事情发生的老师。治标不治本，事情层出不穷，老师劳累不堪也就是自然的事情了。

用敬畏的态度为孩子们搭建动起来的平台，老师忙东忙西地处理各种事情的现状是可以改变的。

也有不少朋友问我："你能确保你的班上不发生一点事情吗？"正如种满了庄稼的土地里会长杂草一样，不会不发生一点事情！我坦诚地回答。但是事情会很少发生，大事基本不会出现。不过，一个拥有敬畏态度的老师不会死盯着事故本身，而是会把解决事故转化为培养学生的手段。

我在处理班级事故的时候，总是给学生两个选择：一是自己写解决问题的方案,二是实在写不出方案就说服我(说服可以免除处罚)。其实这两点都是为了培养孩子们的思维品质。

例如我记录过的一件真实的事情——

可慰的上当

成的手机被学部收缴了。

和我班很多同学一样,犯了错,他先找到了我。

"老师,手机被领导收了。"他的表情有些不好意思。

"没什么啊,呵呵,又不是我的,大不了你不用呗。"一向如此,我不喜欢在学生面前一本正经,一直感觉对于教育来说,总有一种力量是胜过一本正经的,"给个解决的方案,或者给一个能说服我的理由,你就可以解决这个问题了。"

"方案没有!"他很直接。的确如此,将手机拿到教学区,是学部严禁的。轻则警告,严则记过,没什么道理可讲的。

"那怎么办呢?"我其实也没有办法,说不定还要接受学部惩罚,"莫斯科不相信眼泪,去吧,好好学习去。"

成没有离开,忽然转换了一种语气语调:"老师,你说做对了事情该不该惩罚?"

呵呵,这小子。我摸了摸他的额头。"不发烧啊,你小子怎么说起胡话了?"

"别管那么多,回答我的问题啊!"

"那不废话嘛,做对了事情当然不该惩罚了!"我有些丈二和尚摸不着头脑,不过心想,这小子肯定有阴谋。只是再大的阴谋也不至于脱离了手机谈问题吧。没事,小样,我还不信搞不定你。"说吧，有什么企图？"

"嘿嘿，在老师面前哪敢有什么企图啊，就是瞎聊聊呗。"嬉皮笑脸，这个"混蛋"，犯错了还这副模样！"老师，你是不是觉得我犯错了？"

"这不废话嘛！难不成你带手机还带对了啊？"

"老师别这样啊，现在是纯属闲聊，纯属闲聊。"学习广播的都这副模样，在我面前没大没小的。

"你说，人是不是都有犯糊涂的时候？"忽然，他的表情有些严肃了，"你说，我怎么就犯了这么大的糊涂呢！"一副自省的样子。我这个人最大的缺点就是心软，一看到孩子痛心疾首，大多时候便温存相待。

"是人都会犯错！"

话刚落音，成来劲了。"哈哈哈，你的意思是说，犯错是正常的了？"

"当然，除非你不是人。"

"那我犯错也是正常的喽，对正常的事情就不能惩罚是不是？别回答，刚才你说过的不能惩罚的！"天啊，哪里有我插话的机会啊，他的话如连珠，一串串蹦出。

"我——"无语！"好好，我帮你求情，争取免于处分！"

幡然醒悟，一连串关于计策的名词全出现在了脑海，只是，已经上当了！

无话可说，只好给他讲情去了。不过，心里还是有些欣慰的。毕竟，我设置"说服我"这个处理问题的环节，不就是为了锻炼孩子吗？

让处理事故成为孩子们成长的契机，教育不应该这么来做吗？

2011年6月底，高考成绩出来之后。高三（3）班以100%本科的成绩创造了奇迹。填报志愿的那天，我们一帮人拥抱在一起嚎啕大哭。因为在争取尊严的路上，我们的孩子承受了太多；在争取成功的路上，我们付出了太多。即使是半年后我完成《做一个不再瞎忙的班主任》的书稿的那个凌晨，竟然也躺在书房的椅背上泪流不止。

两年的路，好苦！但这两年的经历，对每个人来说都将是一生的财富。更重要的是，这场实践让我更加坚定了"用敬畏的态度做班主任"的信念。敬畏每个生命，俯下的是为孩子们做土壤做化肥的身子，而站起的却是做真教育的灵魂。

02　教师突围，需要勇气

我是一个喜欢看武侠小说的人。我发现小说里有一个共同的桥段，凡是能够指导武坛新秀的白须飘然的或者光头的高手，大多是不大守规矩的，甚至有反抗精神的人。而按照门派好好修炼的，哪怕你是大师兄，往往也只能成为高手，而不是顶尖高手。你看全真七子里的丹阳子马钰，武当派里的老大宋远桥，都是如此。为什么会这样呢？估计也是武林门派的体制问题。

教育的体制似乎更是如此，具体到学校的评价机制更是森严不堪。严格按照学校要求来做吧，感觉备受压抑，对学生于心不忍。前不久，某教育专家在江苏省张家港市某小学痛心疾首地说："现在我们的教育体制是中华民族漫长历史中最惨无人道的时刻。"于是，对该专家所说的话应者云集，大呼过瘾。

我想问，过瘾之后呢？

就算喊你千遍也不厌倦，实践一次就苦不堪言。

是否观察过，我们出现了另类校长郑杰、另类班主任陈宇？这些另类不是令狐冲式的反叛，而是基于现状的一种突围。突围了，你就成功了；无法突围，你就是透明玻璃瓶里的蜘蛛——眼看着外面的世界很精彩，却在白天黑夜里叹息着自己的无奈。鲁迅先生说："不在沉默中爆发，就在沉默中灭亡。"那我们不是在叹息中灭亡就是在叹息中爆发。可惜的是，我们教育世界里的"祥林嫂"太多，而"觉慧"这样的人太少。我们只知道叹息，抱怨，而不愿意去实践去突围。只想着教育的体制束缚了自己，而不知道真正束缚自己思考的恰恰是自己。

　　岔开一下话题。一天，我在自己的圈子里发起了一个讨论——假如没有了家庭作业，我们该如何教育孩子？结果呢？大家的分析集中在两个方面：一是如何让家长教育孩子，一是如何应对远比我们当年多的诱惑。解决第一个问题就有两个困难，一是家长有没有时间。对于夫妻二人来说，或许这不是一个很大的问题。那么第二个问题就来了，家长具备不具备教育素质？其实这是一个莫大的悖论。心理学观点，一个孩子的心理、习惯、个性等很多东西都是六岁之前就完成的东西，后来的成长只是微小的修正而已。那么这个六岁前的状况不就是家庭教育的结果吗？不就是家长的功劳吗？如果家长具备了教育素质，后面的问题讨论就是个伪命题，孩子自然会按照业已形成的习惯成长。而不具备教育素质的话，你现在将孩子放给家长，他依然不会教育。关涉第二个大问题的是，我们的孩子面对着电视、网络、游戏等一系列的诱惑，远比我们当年的生活复杂。我们都知道"坏东西"对人的诱惑力远远比好东西更大。这种情况下，我们给孩子留点家庭作业还可以将孩子接触这些诱惑的机会减少一点，而没有的话，孩子就有可能"全身心地"陷入诱惑。这样孩子变坏的几率远远高于我们当年。

　　当时讨论就集中在这里，而唯一没有的就是如何在没有了家庭作业之后构建自己的教育理想。那整天抱怨孩子被作业摧残又是为了什么呢？2009年著名语文特级教师黄厚江老师就问："没有了考试，我们还会教书吗？"很多人说不会。既然不会，为什么抱怨考试呢？我们的教育体制和评价体制真的和教育的真谛之间水火不容吗？

说上面这些无他，只想表明在当前的教育环境里，从来不缺乏批评者，缺乏的是重建者。正如拆一座大楼远远比建一座大楼容易得多，但会拆者云集，会建者寥寥。闻一多先生说过"戴着镣铐跳出的舞蹈才是最优美的舞蹈"，在现行的教育体制下，少一点抱怨，多一点探索；做一个教育大厦的建设者，远比只知道拆而不知道建的人好得多。

2013年6月4日和朋友们在"尖峰论坛"群里交流，我和朋友们说："如果教师不勇敢，就做不好教师。"

是的，教育需要勇气，教师更需要勇气，需要选择的勇气。

首先是选择做教书匠还是做教育家的勇气。

记得2009年9月初，在学校第一次升旗仪式上，高校长当着全校2000多名师生的面，对我的高二（3）班大加批评，说他们坐没坐相，站没站相。升旗仪式刚刚结束，我就冲到了主席台，我说："高校长，今天您错了。"当时她很惊讶，没有想到一个新来的老师敢顶撞她，并直接说她错了。她说："我有什么错，你看看你们班的样子，还像个班级吗？"我说："高校长，我们班级确实不像个班级，平心而言，您看看今天我们的孩子站队、升旗等，是不是近几天最好的？在一天天好转的情况下，在进步的时候您批评我们，您还让我怎么开展工作？"

高校长还是比较智慧的，当天晚上她给学生们写了一封道歉信，并且表扬了他们的进步。

这么说，不是鼓励老师等朋友们和校长斗争，而是你要站在学生发展的立场上去做事情。在这种情况下，您应该把别人的孩子当作自己的孩子，因为我们不允许别人对我们的孩子这么说，你就不允许别人对你班的孩子这么说。教育，是需要点坚持的。

如果，你仅仅将自己定位为名头上的"教师"，或者认为这只是领导安排给你的一项工作，你可以做一个教书匠，你可以"兵来将挡水来土掩"，让你的孩子承受着进步时的痛苦，让自己在与孩子的斗智斗勇中疲惫不堪。而如果你选择了将之作为一项事业，那么就请将每一个孩子的生命都看作了不起的存在，将每一个生命的成长都当作自己的使命。你应该设想怎样才能让孩子更加蓬勃地生长，才能更加全方位地成长。

曾经有一个老师问我："梅老师，你现在是以怎样的一种心态对待你班上的孩子？"我说："心态是感恩，行为是报恩。"或许每个人都不可能成为教育家，倘若我们能以一颗教育家的心来对待教育，就能够贴近教育，哪怕一点点。诚然，选择了教育家这条路，需要承受太多的委屈、劳累，需要承受太多的不理解甚至无限的风险。云南普洱的刘雪花老师说，梅老师，我羡慕你的幸福。我说，每一段幸福的背后都是痛苦。

我告诉过我的朋友们"这个班［高二（3）班］，至少有五次我想放弃，只是一种想做教育的心，一种对这些被学校放弃的孩子的同情心和一种对他们给予我收获的感恩心，让我坚持了下来。"是的，选择了做教育家的路，就要承担无数的痛苦，当然，也会收获更多的幸福。这条路，需要勇气。

其次，选择眼前分数还是长远分数的勇气。

让教师苦恼最多的就是分数问题。学校需要分数，家长需要分数。于是我们往往想在极短的时间内将孩子的一点点创造力挤压成可怜巴巴的分数。如果孩子的分数不高，而你又用压迫的方法让孩子获得分数的话，只能是牺牲孩子对学习的兴趣。

如果我们能够牺牲眼前的急功近利的分数需求，唤起孩子的学习兴趣的话，或许就能够获得更加长远的分数。

不少班主任老师问我，梅老师，班上的孩子不爱学习怎么办？我总是告诉朋友们：寻找孩子成长的原点。什么是成长的原点呢？就是一种边缘的存在。这个孩子不爱学习，但总有他爱的东西。只要有他爱的东西，就能够让他动起来，只要他动起来，总能够获得一种继续前行的力量。一种可持续的前行的力量就激活了一个灵魂，激活了灵魂，教育中的"二皮脸"学生就会少多了。再将学生往学习上引不就容易多了吗？

我在带领高二（3）班前进的时候，弄了个周末展示活动。当别班学生在苦苦读书的时候，我们在唱歌跳舞。这样做的目的很简单，就是激活班级，通过活动凝聚班级，进而培养班级的荣誉感。我们知道，一切行为的动力之源往往在于荣誉感。一旦一个班级有了尊严，孩子们就会维护尊严，有了维护尊严的动力，我们所渴望的分数不就可以得来了吗？

诚然，这些前期的选择，肯定是以牺牲暂时的分数为代价的。古人云，"大行不顾细谨"，如果少对一些一时得失的计较，不就可以拥有长远的收获了吗？

牺牲暂时，需要勇气，朋友，你敢吗？

再次是选择眼前钱还是未来钱的勇气。

为什么我们说被束缚？就是因为考核的条条框框让理想无法施展。为什么我们感觉无法施展，因为考核分数多了，会扣相关考核费用。恐怕这个"费用"才是问题的关键吧。

2010年的5月20日，我在河南平顶山市讲课，我说我根本不在乎扣钱，我只在乎每一项"政策"出台之后能否获得预期的效果。如果预期效果达到了，我就一定会将班级带好，我就一定会将以前被扣掉的费用重新拿回来。当时我说我每个月都会把自己的补贴当作零。如果学校还没扣完，我就感觉到自己是赚了，我会告诉自己我拿了多少费用，而不会说我被扣了多少。这样心里还是蛮舒服的。

2011年的5月14日，我在浙江金华讲课，讲了我为了让班级同学感觉到班级在进步，我请求领导给我们班发"免检班级"牌子的事情。让领导将别班的"免检班级"牌子发给我们班，让别人拿"免检班级"的费用。

后来呢？几乎每个月我的补贴都是最高的。因为在我不在乎的那段时间，因为没有"钱"的包袱，我可以放开手脚，大胆地去干了。随后自然就有了班级的各项工作好转，自然是"你扣了我的给我拿回来"。

让学校暂时扣钱，为长远的发展，这个勇气，你有吗？

最后是选择尊严自己和培育学生的勇气。

记得我和一个女生的关系僵化到了见面如仇人的地步，家长也对我恨之入骨。用一个东北术语说叫"相"。人与人一旦"相"在了一起，就难以解开，越来越僵化，而一旦一方推却，一切都会回归平静。可是，当时谁也解不开这个结。但一个晚上，我读张文质的《教育是慢的艺术》，从晚上9点多一直读到凌晨4点，一口气读了110多页。里面的每一行文字都敲击我的心，我毅然决定，为了孩子，哪怕我承受再大的委屈，也要解开这个结。我不能因为我的尊严而耽误了孩子的前程。因为孩子处处跟我对着干，成绩明显在下滑。看到这里，我心里没有了快感，只有难受。我约来了她的父母和她本人一起吃饭，我道歉，说我是错误的。我当时心里在想："决不能毁了孩子，无论我多么痛苦。"

就是因为这次道歉，之后她的父母感恩戴德，孩子也从此转变，对我很依赖。当我把记述这件事情的日志给孩子看后，孩子泪流满面。真的，虽然我受了委屈，但我成全了一个孩子，拯救了一个孩子。或许我们真的很累，累就累在要承受无数的委屈，甚至累得没有尊严。但是，我们却让孩子赢得了发展。

　　放下自己的尊严，成全孩子的发展。你敢吗？

　　其实，束缚自己的往往不是体制，而是我们的心灵。当心灵打开了，教育的天空便没有了阴霾。

03 江郎才尽又如何

周星驰的两部"西游",不单题材相似,而且台词和插曲都相似。于是柴静问他"你不怕别人说你江郎才尽吗?"周星驰说:"我每天都面临江郎才尽的样子。"

不怎么喜欢周星驰的我,突然对他有了好感。因为,我觉得,教育也需要江郎才尽。

教育对象千变万化,但总有一些东西是规律性的存在,而规律在一定范围内相对稳定。规律的稳定性就决定了,当一个优秀教师构建了自己一套完整理念体系之后,是不可能让它处变不居的。只有不断完善自己的理论,并不断在实践中检验、充实,才能真正打造出能成就自己并最终惠及他人的东西。周星驰在《大话西游》成功之后再拍《西游降魔篇》,被人认为是江郎才尽。可是不能否认票房上他一路飙升。如此,你怎么看?

其实,无论是生活中还是教育中,都有一种悲哀,那就是当自己挖了一口井之后,总是有人说你没有发展前途了,说你江郎才尽,于是很多人就在别人的舆论中继续挖井。一辈子挖了很多井,可真正能让后世记住的是哪口呢?你成了一个不断挑战自己创新自己的人,可是也成了一个忙碌不堪却难成大事的人。

追求,有两种类型。

一种是手里有个西瓜，却去追求别人的芝麻。昨天傍晚一个朋友给我电话说，"我从《语文教学通讯》上看到一篇文章，感觉我的做法符合了他的文章。"其实朋友的语文教学在当地有很大影响，虽然他没有读过多少书，但出于教师的天然感知，他独创了点评式语文教学法。他的课堂摆脱了将文本神圣化的定位，将文本作为批评的材料，转学生学习文本的被动为批评文本的主动；同时将阅读和写作紧密结合，使他的学生的鉴赏能力、写作能力等突飞猛进。而"语通"上作者所谈到的东西，无非就是解释了朋友整个语文体系架构的一个片段而已，可朋友竟然说是自己符合了人家。自己阅读的目的似乎就是为了证明自己做的还可以。自己手里的西瓜，难道还需要用别人的芝麻来证明吗？

妄自菲薄的结果，就是丢掉自己的完整体系，而去追逐那些细枝末节的东西。

古人云"学而不思则罔"，就是告诉我们，一味地去学时，若不能理智地去思考，就会越学越糊涂。

同样记得一个朋友告诉我说，他的学习计划是一年读50本书，写360篇文章。当时我就引用王莉老师的一句话："其实，一个年轻班主任，如果将一个名班主任的著作研究透了，他就一定会是优秀的班主任。"想想也是，50本书，鱼龙混杂，真能助你成功吗？而且360篇文章，如果不是都有价值呢？

我特别喜欢陈宇老师的一句话——"你回避了当年，也就成就了自己。"意思就是说，每个老师如果能够回避当年自己的遭遇，就懂得了当下该怎么做，然后一直做下去，就成功了。如此说来，其实每个人都拥有两个宝贝：自己和自己的工作岗位。自己是智慧的源泉，而自己的岗位就是落实智慧的试验田。如果我们脱离了自己的岗位试验而盲目去读、去写、去学,恐怕真就丢了西瓜。

学习,学是借鉴,前提是以我为主;习是实践,前提是我的努力。把"我"放在第一位,才是真正的学习。

另一种追求是技术层面的不断学习或者创新。某天晚上,"班主任尖峰论坛"群里讨论班级是什么?不同的人答案不同。记得郑立平老师说,一个老师的班级理念就决定了他的班级行为。其实,不止是郑老师,很多教育界有识之士都讲过,理念才是行动的先导。可是,无论走到哪里,我们听到更多的是,理念是专家们的事情,我们小老师学几招拿来用就可以了。这就是教育的不作为的体现。

可能很多人学习过如何处理早恋问题,也谈到了很多解决问题的办法,例如班会法、谈话法、励志法、立体借力法、踢皮球法、转移法等等。如果一个技术追求者来学习,将这几种方法学习下来,是够累的了。而且即使学会了这些方法,就能解决这类问题吗?

尖峰论坛里就出现了这样一个问题:

> 前辈们,我最近遇到一个很大的困扰:班级一位女孩子(初一)很花痴,对全校的帅哥基本上都了如指掌,经常上网(QQ、微博等)认识帅哥靓女。这学期我班又转来一位帅哥,一下子就把这位女生迷住了,她无论什么时候都盯着别人看,跟在别人后面走(不知男孩有没有察觉),在我班造成了极坏的影响。女孩的妈妈也很着急,前辈们,我该怎么办啊?

这个问题,用上述方法解决看看?

此时你就会明白,自己苦苦追求的那点东西,原来不是万能的!

陈宇老师说:"用你一个人的头脑去应对千千万万种变化,那不是明智的选择。"你何不想象能够有一劳永逸的根源性方法呢?或许对这种追求又开始反问了:有一劳永逸的方法吗?"你不去试你怎么知道,不是我们,那是谁?"似乎有理!

一直喜欢那句"螺蛳壳里做道场"。真的,拥有的是一个螺蛳壳,螺蛳壳里就是道场;拥有的是一个班,班级就是你的道场;拥有你自己,你就是你的道场!守住自己的道场,不去傻傻地追求。不断地去完善已经有的东西,江郎才尽又如何?

教育,哪有那么多的创新!

04 教师读书的三重境界

谁都无法否认，读书是教师实现专业化发展的重要途径。但是并非所有读书人的专业都获得了发展，或者说并非所有读书人的专业能力都得到了最大程度的提升，甚至不少人碌碌于读书，最终却无所获。

何也？不会读而已！其实，读书是需要境界的。

第一重境界就是知道自己要什么。

多读书不如读对书，什么叫读对书？就是知道自己要什么。假设你是个语文教师，别忘记你首要的是提升自己的语文教学水平和教育理念。那么作为语文老师应该读语文专业方面的书才算是入了门。很多教师也在勤勤恳恳地读书，认为做老师的，尤其是语文老师，掌握的知识越广博就越适合当老师。于是很多老师不分辨图书质量，什么书都读一通。记得多年前一位校长在大会上问全校的语文老师，你们谁读过郭敬明的《幻城》？如果你没有读过，你就不是一个合格的语文教师。我不知道自己是不是合格的语文教师，确实至今我没有读过《幻城》。

其实，无论老师怎么读，也不可能什么都会，那种一桶水和一瓢水的理论，不一定是真理。因为教育不是浇灌树苗，更多的是促进树苗自身的生长。或许我就是一滴水，但我知道怎样让小苗吸取别处的水源，那么我或许就是好老师。何况，世界很大，生命很短，所以庄子就告诫我们说"吾生也有涯，而知也无涯。以有涯随无涯，殆已！""殆"，就是"糊涂""危险"啊。

教育中有一种理论叫木桶理论，说是短板决定了成就。其实现实社会中，长板才是成功的关键。一个老师将自己的专业素养提升了，就能让自己的课堂吸引学生，就能够懂得如何去启迪孩子的思维，树立孩子的信心。其他的知或者不知，不是重要的。我要的，就是和自己的专业直接相关的，无关的，不要。

书不在多，读对则可。

第二重境界就是读什么都是专业。

读书如参禅。青青翠竹，郁郁黄花，皆有佛性，于是成佛不必在庙，处处皆是成佛之地，时时都是成佛之时。一个优秀的读者懂得，在自己的专业领域里走得太远，会越来越感到局促，突破的方法就是跳出圈子看圈子。以班主任工作为例，其实有关班主任专业化发展的书籍很多，当你看多了你会发现大同小异，或者本就相同，说法不同而已，读多了你会感觉呼吸不到新的空气。

出口在哪里？或许跳出教育看教育，你会有新的发现。诚然，很多朋友就会说这不又回到了"乱读"的局面了吗？错矣！此时看山，不是彼时看山。因为你有了专业性的东西做基础，就有了阅读的自我立场，于是你的眼睛里看到的哲学书不是哲学而是教育，你看到的老子不是老子而是班主任著作，你看到的稻盛和夫的东西不是企业管理方面的而是带班的路径，你看到的圣经教义不是宗教的教条而是教育的情怀，你看到的哪怕是一本普通的小说也是教育的亮光……

当你的阅读丰富了你的视野的时候，教育就在你的世界里广博了。

书不在书，会读则可。

第三重境界就是读出自我。

喜欢"如来"，如来如本，本即是来时。但如来不是来时，而是看山还是山的境界。虽然山还是山，但山的内涵变了。一个优秀的读者不会顺随别人的思维，不会被别人牵着走的，也不是让自己的大脑成为别人知识的储蓄罐。他会结合自己的实践经验，把所有习得的东西转化成自己的营养，让那些东西成为构建自我的工具。是的，说到底，一切都是工具，最终是为了构建独立的自我。没有自我的独立，就不可能有真正的成就。见过不少讲师，他们在做讲座的时候滔滔不绝，讲的内容却是东拼西凑的别人的东西，让自己的大脑成了别人思想的跑马场，让自己的嘴巴成了说不由衷的话的机器。也正是因为没有自我，也就注定了一个人走不远。真正走远的必定是自己的灵魂，所以孔子之后的弟子鲜有超越孔子的，而苏格拉底的徒子徒孙却可以超越他，因为他有个爱自己的老师，但更爱真理的后学。

书不在书，在人也。

每颗星星都发出光芒，才有灿烂的星空，每个教师都读出真正的自我，教育才会百花齐放。

05 教师专业阅读的三重境界

上篇文章写的是《教师读书的三重境界》，谈的是对教师读书的个人见解。

这篇文章想谈教师专业阅读的三重境界。所谓专业有两个层面的含义。一指专业成长，针对自己所从事的职业或研究方向而言；一指专业化，相对的是盲目阅读。结合实践，我以为专业阅读同样有三重境界。

第一重境界是心中有我。

邱学华教授曾经语重心长地对我说："小梅啊，盲从别人的人只能做别人的跟屁虫，永远成就不了自己，而真正成就自己的人，都会有自己独立的判断。"或者邱教授的话就是教师专业阅读的起点，解决的是为什么阅读的问题。

为什么阅读？丰富自我的判断！阅读之前有自我的初步判断，让阅读成为印证判断的手段。而自我阅读的任何一本书籍，都是为"我"服务，而不是"我"去理解别人的观点。这样，阅读的过程，就是不断构建自我的过程，而不是用自己的碌碌行动重复走别人思维的路。如此阅读，则书是工具，而不是目的。见过不少教师，给自己制订一年的读书计划，例如一年要读多少本书等，而到最后只知道别人的书中写了什么，别人怎么说的，自己的大脑成了别人知识的储蓄所，且不是盈利的储蓄所。其结果就是懂了很多知识，但没一样是自己的。

第二重境界是心中有线。

"线"是阅读的线索，解决如何进行专业阅读的问题。难道阅读还需要线索吗？是的。这是专业阅读与盲目阅读的重要区别之一。盲目阅读，放在篮子里就是菜，"心中有线"的阅读是建立在"心中有我"基础之上的。因为形成了"我"的见解，具有自己独立的思想，那么也就有了自己行走的方向。成长，到了一定的阶段，不再是"术"的熟练甚或精妙，也不再是"道可道，非常道"的"道"，而是突破现有自我的方向。

听过不少专家埋怨普罗大众工作不努力，在祸害学生等等。殊不知，每个人做任何一项工作都是想做好的。为什么却给某些专家不努力的认知呢？或者说为什么普罗大众却做不好呢？因其道理大家都懂，而方向才是关键。没有方向的行走则是围绕着圆的重复忙碌，而对有了方向的行走者来说，圆上的每一个点都可以绚烂出成功的切线。所以，如果说"心中有我"是行走之圆上的一个切点的话，专业阅读则是需要绚烂出的那条切线。例如，当你发现班级的金字塔管理模式会压抑很多人的发展之后，你就要阅读这种管理模式之外的班级行走方式，例如你可以读读郑学志老师的"自主化管理"，也不妨读读鄙人的"培育—发展"。沿着这条路你会发现很多理念和佐藤学的理念相关，那么你不妨读佐藤学的所有作品。接着你会发现佐藤学的很多东西来自杜威和维果茨基，这个时候你就需要沿着杜威和维果茨基阅读。顺着这条线走下去，你还会发现更多的东西。一旦有了这条线，你的"我"将会自成一家。可能别人不赞同，但不影响你自圆其说。

第三重境界是心中无我。

曾经在自己的博客里写下过这样一段心情日志——名师之名不在于名声，而在于胸怀。在"大师"这个名词儿漫天飞的时下，真正的大师又有几个。我所谓的胸怀不仅仅是对后辈的包容、提携与奖掖，更多的是能够放低自己，包容别人的观点。而不是自以为自己正确，就否定别人的存在。因为同一种教育现象折射到不同的人心灵上产生的反映不一定相同，这和自我知识修养、思维方式等等客观存在有着千丝万缕的联系。教育的本质是什么？或许谁都不知道。百家争鸣时代之所以至今难以超越，与诸子争鸣有关，后世难以超越的原因与一家独大或者一己独大有关。一家独大，众人逢迎，一个时代的悲哀；一己独大，摒弃众人，一个人的悲哀。

曾经应邀参加南京的一次研讨会，忍不住问主办方参与会议发言的还有谁。结果对方点出了三个人名，自以为知道了很多的我竟然一个名字都没有听说过。北师大的一个朋友脱口而出："你不知道的人多了！"瞬间，我明白了很多。不见洋的浩瀚，不知道溪流的渺小，不入溪流的淙淙，不知道水滴即是微尘。自己一个人的阅读，无论达到了怎样的境界，或者一个人的职业修养无论达到了怎样的境界，都不要认为自己已经很行了。因为世界很大！

老子一句"夫唯不争，故天下莫能与之争"道尽天下真理。胸容天下，才能天下有尊；心中无我，才能我在四方。

教师的专业阅读，是业的修养，也是人的修炼。三重境界，一家细言，倘能引玉，则是小梅之大幸！

06 | 共同体中的自我坚守

依然记得当年网络论坛兴盛时，教师们几乎每天都在激情地思考教育、谈论教育。在涌现李镇西、万玮、干国祥等少数名师的同时，更多的人如石沉海，销声匿迹。

为何如此？因为大多数教师在走上论坛的时候，失去了自我。一种没有自我的学习，无论多么激情，都不可能真正地成就自我。而今各种教研共同体方兴未艾，尤以网络 QQ 群为主要平台的研修团队遍布呈现，进入过笔者眼睛的就不下于 1000，更有一些团队"连锁店"遍布生活中，且研修内容和研修方式眼花缭乱。一直忧虑如当初论坛兴盛时大多数人会走向平庸一样，当下的教研共同体中个体教师如果不能够坚守自我，最终会忙忙碌碌，甚至是热热闹闹地走过，却收获了了。几年的网络研讨平台的组建和成长经历，让我思考如何才能够在成长共同体中坚守自我，如何才能获得真正的成长。几点认识，拿出来和朋友们分享。

首先我想交流一下我对成长共同体的认识。不可否认，孤单的自我很难成就，任何人的成长都需要从外界获取力量。也不可否认，团体给不了个人真正的成长，任何人的成长最终都是自我的发展。正如日常对学生的教育一样，教师教出来不同的学生，不是老师对学生的态度和教学内容有不同，而是学生的自我发展能力有区别。所以现代教育的最终落脚点不是教师交给学生东西，而在于有没有让学生学会学习，有没有给予学生成长的动力。学会学习，就是学生的自我生长，这是任何一所学校的任何一个最优秀的学生具备的基本品质。科学研究表明，一个人是否具有自学品质决定了他成功与否。而成长动力，可能来自外界，但又最终通过内在驱动力来起作用。外在的动力，成长共同体可以给。从这个角度来说，最恰切的认识是"团体为用，自我为体"。从集体中获取成长的力量和知识的启发，应当始终认识到成长是自己的事情，别人给不了你成长的真实。

而现实是很多人加入到某个或者某几个团体，在思想上就产生"我属于某个优秀的团队""我认识了不少名师专家""我们大家有计划有步骤共同成长"等等的认知，把自己押给了团体。殊不知团队的优秀不在于名师有多少，不在于人数有多少，不在于组织多么有序，不在于一起编了多少本书、发表了多少文章、组织了多少次活动，而在于你真正构建了多少属于你"自己"的独立的东西。正如茅卫东先生说的，"我们很多人嘴长在自己脸上，却一辈子没有说过自己的话；腿长在自己身上，却一辈子没有走过自己的路"。"自己"的才是真实的，"自己"的生长才是真正的成长。

其次，我想谈谈如何在成长共同体中坚守自我。不可否认，很多朋友认识到坚守自我的重要性，但每个共同体都有自己的运行理念和运行规则，如何在这些理念和规则中坚守自我，可能不少朋友会有迷茫。几点思考，供朋友参考。

1. 在共同体中选择时的自我立场。如上文所言，很多共同体有自己的发展方向，或者说这个共同体的构建基础或许就是组建者理念的体现。于是这个共同体的行走方向就带有一定的个人色彩。例如"某某语文群""某某班主任研究团队"等等，它们的行走理念有明确的指向。如果一个教师不立足自己的教育先验认知而盲目加入的话，就不可能获得自我的发展。以建构主义关照学习的话，一个人的成长是先验认知和后续认知之间交换、碰撞和生发的结果，而一个人的先验认知如果不具备和团队行走理念相交融的可能，要么就是无效加入，要么就是放弃自我跟随团队。如果在没有确认自己的路不可行之前就放弃自我，也就放弃了真正成就自我的可能。

教师在选择团队的时候，一定要选择助力自己发展的团队，而不是为了别人放弃自己。如果这个团队不能助力自己，而是某个人或者某几个人理念的试验田或者展示舞台，那么这样的团队就不适合您的加入。诚然，也有一种类型的团队，它们不具备严密的组织性，只是一个交流平台。在这样的平台上大家可以智慧共享，交流碰撞。这样的平台把成长交给了个体，这样的平台是可以加盟的。因为它们符合了"和而不同"的成长理念。在一个团队中以"和"为本，同时尊重每个人的"不同"。

例如四川宜宾的沈慧老师。她在2011年加入了"班主任尖峰论坛"，四年来，她一直没有离开过，也没有加入过其他团队。她告诉我说："尖峰让我找到了家的感觉，这里有可以让我共鸣的东西，这里可以让我的精神与别人的精神得到碰撞进而升华我自己的理念。"四年来，平和、不争、踏实、进取的尖峰论坛精神与她的灵魂融为了一体。她说某杂志想给她开设专栏，她拒绝了，因为自己感觉还不成熟。在众人浮躁的时候，她的这份拒绝就是最大的成长。有人邀请开设专栏是她理念成长的结果，而学会了沉静是她心灵成长的结果。那么她选择和坚守的"班主任尖峰论坛"，就是适合她的舞台。

看到不少朋友，见团队就加入，有些还同时加入了很多团队，就会有种莫名的心痛——朋友，您很有热情，但热情用错了地方，就成了错误。

  2. 共同体发展中的自我判断。网络论坛兴盛时期，正是新的课程标准颁布的时刻。在课程标准模糊的前提下，教育生机蓬勃的同时也乱象丛生。各种新理念新名词，你未唱罢它登场。而万玮老师，这位当下的国内三大班主任之一的"兵法派"人物，却没有被洪流裹挟，而是在吸收新鲜气息的同时，坚持自我的判断，将视角折回了传统。他从《孙子兵法》《韩非子》等古代经典中，发现了带班的方法。于是在众多的教育热心人沉没之际，他却凭借《班主任兵法》走在了时代的前沿。他用自己独立的判断和思考，构建起了自己的价值大厦。

  当下的教研共同体中，往往也会有各具特色的"共性"发展要求，而且示之以团队规则，不能做到便不可谅解。所以，一旦一位教师进入到这个团队，就会被团队的规则附带下的内容所裹挟，自我的发展空间往往被压缩。以专业阅读为例，这是几乎当下的任何一个团队都坚守的一个项目。一些必读书目的出现，使得团队中的任何一位都必须将之读完，甚至要写出感受和书评。可是，这些书目本身是否有价值就值得探讨，例如某英语教研团队，竟然要求全体英语老师读语文名师王开东的《教育非常痛，非常爱》，例如某班主任团队要求老师们必读《人间词话》。不知道推荐者的出发点为何（或许由于我浅薄，参不透其中的玄妙）。如果一个英语教师和一个班主任非要读这些书，我还真的难以想象出能收获什么，或者说是不是还有比这些书更迫切需要去读的书？如果老师们没有自己的价值判断，而盲目跟从的话，耗费了精力而专业成长收获却可能了了。

  上面说的是读对书的角度。读书还有一个怎么读的角度。记得杨斌老师说过："如果一个老师没有独立的价值判断而盲目读书的话，无论他读多少书，都不会获得真正的成长。读书需要一个自我立足点，所有的阅读是为自我立足点服务的。"我以为杨老师是点出了读书的真谛的。

诚然，共同体发展中还有很多可能裹挟个体发展的事情，如果教师只知道完成团队的"要求"，而没有独立的判断和发展空间的话，跟团队越久就会疲惫越久，而结局可能是一无所有。

3. 共同体活动中的自我认识。很多团队的行走方式是将网络的虚拟性和现实性结合的，在网络研修的同时，也会有团队的年会、成员的聚会以及遍及全国的公益活动等等。在丰富多彩的活动中，大多数共同体成员都扮演着重要的角色，或千里求学，或舞台展示，或沙龙发言，或主题报告。这里有对研修共同体的热情，有对共同体中朋友们的友谊。但在这样的活动中如果不能认识自我，就会出现两种基本的迷失。

一是用活动参与的本体取代学术的取经论道。很多共同体成员参与活动的时候，根本不看该次活动的内容或者形式是不是自己所倾向的，是不是自己可以从中收获的，只是毫无目的地为参与而参与，或者是为了见某位专家名师而参与。不可否认，团队的集体行动需要每个成员的积极参与和付出。但是如果没有团队安排的任务，而该次活动又没有自己可取的学术价值的话，我认为还是要慎重参与。

二是自我的认识迷失。不少共同体成员因为参与了团队活动认识了某位名师，并得到了名师的赞赏，就以为自己到达了一定的高度，即在人群中获得了美言就认为自己是优秀分子了。更有甚者，如果能在活动中获得展示或者主题讲座的机会，就认为自己是专家了。这种自我的迷失，是前进的最大敌人。开始认为自己很行的时候，往往是自己停滞的开始。用谦卑的心，做踏实的事，这是前进的基本姿态。

德尔菲神庙上镌刻的上联是"认识你自己",要求我们认清自己的价值,拥有自己的判断,具有独立的思想,而不是用自己的大脑去做别人思想的跑马场,用自己的忙碌做着无谓的事情;镌刻的下联是"凡事勿过度",要求我们做任何事情都要有度,在坚守自我的同时,理智地做事。在教育共同体大发展的今天,教育呈现出来欣欣向荣的民间生态,让每一位热心教育的人欢呼。笔者此文,志在与朋友分享,如果坚守好自我立场,理智地参与,前面将会是更美好的境地。

07 做自己的证明题

题记：那年的栀子花开，在我心里种下了做证明题的种子。

有人说"拥有梦想的人不做选择题，只做证明题。"

我不是一个有梦想的人，几年来却一直做着证明题。因为那个季节的栀子花开，在我的内心播下了做证明题的种子。

记得那个晚上的月光很亮，校园的小径很幽，我和女儿散步在校园的幽静小路上。突然一股浓烈的栀子花香飘进了鼻孔，我忍不住就拉住女儿的手冲向了零星地点缀在绿树丛中的栀子花。

"鹿鹿，看，白色的栀子花，好香！"脱口而出的兴奋迎来的却是女儿平淡而奇怪的话："你怎么知道栀子花是白色的？在狗眼睛里它还可能是黑色的呢！"没有认为这是女儿变相骂我而生气，因为女儿在很多方面已经超越了她的老爸。回到那间学校安排的宿舍里，打开电脑之后我就查询"狗的眼睛里栀子花到底是什么颜色"。有一段资料是这么解释的：

在狗的眼睛里世界是黑白色的。狗不能辨别颜色，它们眼中只是一片单调的黑白世界。美国佛罗里达大学兽医学院眼科副教授 Dennis Brooks 博士说："狗的视觉和人的视觉不同；狗无法像人一样分辨各种色彩，但狗的确可以看到某些颜色。"狗能够分辨深浅不同的蓝、靛和紫色，但是对于光谱中的红绿等高彩度色彩却没有特殊的感受力。Brooks 博士的研究显示，红色对狗来说是暗色，而绿色对狗来说则是白色，所以绿色草坪在狗看来是一片白色的草地。

后来，我请教更多专业人士之后发现，颜色的产生和客观物体、光波、眼球构造等多种因素有关。也就是说，相同的物体在不同的眼睛里产生的颜色不尽相同。

那么教育呢，是不是相同的教育现象投射到不同的人的思想里所获得的教育理解也不相同呢？应该是的！正是从那时起，我的意念里就播种下了"不要盲从任何人，要从自己的判断出发思考、实践，做一个独立思考的人，做一个做证明题的人"的种子。

管理之殇，让我试图证明"教育，不是管理"

不知道从什么时候开始，"班级管理"就成了班主任的工作核心，而"课堂管理"就成了一般教师的职责之一。只要做了教师就要和"管理"结缘。于是"技术""艺术""兵法""修炼技能""管理智慧"等等类型的书籍就成了教师，尤其是班主任们的最爱。

在实践中，我发现了这几种现象：管理的严格，往往不会出最优秀的学生；管理有时会带来更多教育被动；无论你怎么管理都不可能解决教育教学中出现的所有问题。

曾在 2005 年遇到过一个高二（13）班。那也是由一群调皮的孩子组成的班级，因为领导认为我比较会"管理"就把这班给我带。在我采取了多种方法之后，班级的问题不但没有被消除掉，反而出现了更多的漏洞。于是我就开始强化班规，细化班级量化分数，将管理之网编织得更细更密。记得那是一次夕会，应该是健主持召开，可他就是不主持。当时我就火冒三丈："如果你再不主持，我就多扣你5分个人量化分！"结果他来了句："有本事你就狠狠地扣！"

那天我狠狠地扣了他的量化分。只是，这次扣分非但没让他变得规矩，反而使他变本加厉地和我做对了。量化分，对他完全失效！而整个班级的师生关系也因班规的强化而变得越来越僵化。

这是为什么？直到考入大学的小斌来信，其中这样几段文字才让我顿悟——

> ……您知道吗？您虽然把我和同学们送进了大学的校门，但我还是想告诉您："我们过得不快乐，真的不快乐！"在您看似民主的背后，恰恰是让我们给自己带上了一道道枷锁。我们真的很无奈，因为枷锁是我们自己做的，只能忍气吞声地去接受、去实行。
>
> 您知道吗？我们需要的是自由翱翔，而不是被管束；我们需要的是发挥特长，而不是做班规和分数的奴隶；我们需要的是人人平等的成长，而不是几个班干部在执行中得到锻炼，而我们大多数却被忽视……（有省略）
>
> ……您可以想想，怎样才能让每个学生都健康成长，怎样才能让每个学生真正地平等，怎样才能让每个学生的特长都得以发挥，这样才能让每个学生都快乐……如果您真的想通了这些，我相信您一定会成为一个更好的老师和校长……

就是斌的这封信，让我陷入了深思。无论是我先前采取"金字塔结构"的管理模式还是后来"班级自主化"管理模式，都没有让学生真正获得平等，也没有真正消除班级事故。于是，我在心底里萌发出这样一个"命题"——总有一种途径会让班级不出事情，但不是通过管理让学生"屈从"的制度。于是我开始否定"管理"，开始解答教育生涯中属于自己的第一个证明题。

因为陈宇老师说过："一个人如果善于打捞自己的过去，就可以走好未来。"于是我首先从打捞自己的过往开始。

想起了高二那年，我的那段暗恋。一个农村孩子不好好读书，哪里还有时间想那些风花雪月的故事？是的，那时我真想。于是我就向班主任请假，每天坐在宿舍高高的架子床上"面壁思过"。可是，壁是面了，但"过"依然在。记得后来一个叫尹鸿儒的同学扔给了我一本《红楼梦》说："别神经了，读读书吧。"就是在慢慢的阅读中，我沉浸在了宝黛之殇和可卿之谜中。当书读完的时候，女孩，慢慢在我的心头消退了。人只要认真投入地做好一件事情的时候，是可以将很多事情排挤在心门之外的。

后来，我读《老子》，试图寻找"无为而治"的真正密码；我读禅宗，试图解开人心灵深处的空白；我留心日常俗语，发现了"无事生非"之后的"有事不生非"；我更留心身边的生活，听到了很多老师在批评学生的时候会说"没事给我惹事"……将这些追寻点点滴滴串联起来，竟然让我证明了"教育，不是管理，而是给学生事情做"。只要我们在学生的心灵上种满了庄稼，学生就没有"没事惹事"的心灵空间了，而且孩子们还可以在不断做事情当中得到锻炼。

于是，我第一次提出了一个属于梅洪建的概念——班主任的工作本位——为孩子的成长搭建动起来的平台。"平台"是一个个适合孩子们个性特征的成长舞台，而"动起来"就是让每个孩子都在属于自己的成长舞台上"有事可做"。

为了进一步证明自己的"命题"，在 2009 年带高二（3）班的时候，我在孩子们个性特征的基础上，构建了几个委员会，并认真研究了委员会运作的前提、基本特征、运作形式、运作要素等等相关问题。按照三个基本层次开展工作——

让每个孩子都有事可做；

让每个孩子时时刻刻有事可做；

让每个孩子快快乐乐有事可做。

就是在孩子们时时刻刻快快乐乐有事可做的教育生态中，我取消了班规，扔掉了管理，把自由和成长还给了学生。学生因此获得了自信，锻炼了能力，也取得了高考全部成功的优异成绩，更重要的是，孩子们因为"有事"根本没有时间"惹是生非"。不管理，效果恰恰更好，"教育，不是管理，而是给学生事情做"。

第一次，我完成了对命题的证明。

"问题"之殇，让我试图证明"教育，不是'疾病治疗'"

2014 年 4 月，福建厦门。

"请学校有挂牌心理咨询室的老师举手。"面对台下上千名老师，我提出了这样一个要求。话音刚落，"刷刷"举起了很多手。

"凡是挂牌'心理咨询室'的学校都不是真正懂心理学的学校！"话音刚落，我就隐隐听到了下面的骂声和"就你能"的抗议声。这是我预料之中的反应。于是接着说："苏州有一所医院，叫苏州市男性性病专科医院，即使整天在电视上做广告，他们的'生意'还是寥落无比。各位可能不理解为什么。做个不适当的假设，如果在座的某位男性某部位不适，尽管你怀疑是那方面的疾病，请问你的第一选择是这个性病专科医院还是苏州市人民医院？"这个时候，我看到了台下很多人选择了后者，因为只要你进了"专科医院"就等于告诉别人你有不当的行为。"不愿意进'专科医院'和学生不愿意进'心理咨询室'的原因是一样的，学生一旦进了心理咨询室就等于告诉别人他有心理病。你可能会说这样也太狭隘了吧，我想反问，如果你真正照顾到学生的心理，会叫'心理咨询室'吗？本质上的'心理咨询室'完全可以叫'话语轩'等名字嘛！"

此时，台下才响起了雷鸣般的掌声。

之所以拿"心理咨询室""开涮"不在于我反对这种设置，而在于在学生心理、品德等各种问题凸显的时下，我们的教育思维往往是"治标不治本"，也没有多少人愿意或者想从根本上思考问题。一如学生心理问题多了，考心理咨询师的老师就增多了，殊不知教育绝对不是等学生生了心理疾病之后再让你来治疗的，它是研究如何不让心理疾病产生的。所以，在我的意念里就种下了这样一个命题——总有一种方式可以解决当下学生产生的诸如心理、道德等等问题。

于是我开始阅读杜威、阿德勒、佐藤学、维果茨基……，开始读《爱弥儿》《象与骑象人》《幸福的方法》……，开始捡拾自己的过往，对或压抑或自豪或痛苦或幸福的每个点点滴滴进行梳理。慢慢地，我对当下教育产生的很多问题有了初步的判断。

尤其是那天我读哥拉斯，他说："学校的失败不在学术成绩方面，而在于培育温暖、建设性的人际关系方面。""温暖"是指让每个孩子在自己所在的团体中有归属感，让每个孩子在群体中都有存在感。当教育满足学生归属的需要和存在需要的时候，谁会不爱集体，谁会不自信满满？这种情况下，谁还会拒绝班级拒绝学校从而拒绝学习？谁还会因遭遇被忽略被歧视被各种不公平而产生各式各样的问题呢？

应该不会，可是我们当下的学校教育，在"术"的道路上走了很远，却在满足孩子最基本的归属和存在需要方面着力不多。"金字塔式"的班级结构本身就不会让每个人都有存在感，"温暖"更是难以遍及。很多"班级自治管理"也陷入了用所谓冰冷的制度来约束人的境地，温暖更是缺失不少。如何满足这两种需要呢？哥拉斯说构建建设性的人际关系，"建设性"一词是关键。

为了证明这种"建设性"具有可行性，我在新的班级开展试验，在班级里采取了如下表的分组方式：

	一组	二组	三组	四组	五组	六组
数 学	1	2	3	4	5	6
语 文	2	3	4	5	6	1
英 语	3	4	5	6	1	2
物 理	4	5	6	1	2	3
化 学	5	6	1	2	3	4
总 分	6	1	2	3	4	5

在这个表格中，小组每个人都有自己最擅长的一门学科，于是每个人都做该组最擅长学科的科代表，负责统筹小组该学科的学习。36人的班级每个人都是科代表，每个人都有存在的价值，自然也就拥有了存在感。更重要的是，在科代表之上，班级并没有更高级的"行政官职"。

这种班级结构打破了传统的班级结构，解决了学生是否有存在感的问题。

为达成"归属感"目标，我在班级提倡"让别人因我而幸福"的班级文化。

落实班级文化，分组时学科的结构性互补是重要前提，但立体的"温暖"体系构建更是核心。

为此——

我开发了"感动小组/班级人物评选"和"班级生日会"两个课程。所谓课程，自然是系列化的活动；

我开展了"作业传温暖""师生互点赞"活动；

我让小组的合作活动延伸成"家长交友"活动，开展学生、老师、家长之间的"彼此贵人"活动……

经过一年的实践，班级里逐渐形成了相互帮助相互温暖的氛围，每个孩子的脸上也都洋溢着幸福和自信。以至于每次关涉到学校名誉的调查活动，都会让我们班同学来参与，因为只有我们班才充满了阳光和正能量，没有一丝阴暗的角落，没有一个学生会说学校的不好。更重要的是，在小组成员不断合作、奉献与温暖中，班级逐步形成了一个大大的正能量场。于是班级每个成员都在这个场中不断调整着个人和他人、个人和集体之间的关系，也就是在正能量氛围和不断的关系调整中，"德育"不教，而道德自成。

这次，我又一次用成功的实践证明了"教育，不是'疾病治疗'"，而是对建设性人际关系的构建。同时也证明了，德育不是灌输道德，而是在建设性的人际关系中不断调整自我的结果，是人际关系氛围中潜移默化熏陶的结果。

效果之殇，让我试图证明"教育，不是面的铺开"

某日，武汉江夏区的一个老师给我打电话说："梅老师，学习你的'建设性人际关系'带班方式，失败了。"电话里，朋友很沮丧。

我当时在心里说了一句"你只看到了我的分组表格，你并没有问我分组的前提和后续啊！"

其中的"前提"和"后续"才是问题的关键。

曾经问过很多朋友这样一个问题："摸着你的胸口问问自己，在你的成长历程中，有人改变过你吗？你自己骨子里那个你比谁都清楚的'毛病'，你想改，但你改掉了吗？"每次，我获得的答案都是"没有"。每当遇到不爱学习的学生，做教师的总是有些恨铁不成钢，对于"屡教不改"的学生总是会有"哀其不幸、怒其不争"的感叹。其实，拿最简单的一条"好好学习"来讲，我们的教育真的有效吗？如果真的有效，每个孩子都好好学习，那我们的教育将是多么美好啊。可再丰满的理想终究是理想，而现实却是冰冷的骨感。

教育，除了知识教学之外，往往是无效的。原因何在？

想起了2001年那段"惨不忍睹"的经历——传销。

那年被我的高中同学"邀请"去广东"工作"，谁知道第一次"岗前培训课"我发现竟然是传销。可是，被紧盯的我，根本无法离开广东那个叫海安的小镇，只好每天听"导师"的培训（因为知道是传销，所以这耳朵进那耳朵出——不能认真听）。每天早饭后一个上午，午饭后一个下午，晚饭后半个晚上。每天都激情满怀，每天都潸然泪下，每天都斗志昂扬。是的，一个月之后，很多人都走上讲台，开始"培训"其他人了，且对当时所谓的"直销"笃信不已。

为什么教育在一个简单的"好好学习"后效果了了，而传销组织的一个月"培训"却能让人笃信不已？

我在思考，传销组织的"培训"方式一定有我们教育实践中缺乏的东西，他们一定有符合教育规律的地方。

我开始回顾那段日子，回顾他们是怎么做培训的。我发现，他们的培训目标很简单，第一个就是励志发财。无论多少个导师多少个场次来讲述都是围绕这个目标来做的。第二个比较典型的特点就是培训密度比较大，不像学校的班会课一周一次，而是一天三次。第三个特点就是他们的培训需要一个月左右的时间。

为了证明"传销里隐藏着教育密码"，我又一次开始了"论证"之旅。

我开始阅读《FBI教你读心术（钻石升级版）》《怪诞行为学：可预测的非理性》《黑天鹅》等，我开始阅读高德的《信仰》《洗脑术》以及曾仕强、稻盛和夫等的系列书籍，我开始读卡尔维特、蒙台梭利、卢梭、夸美纽斯、凌志军、孙云晓、孙瑞雪等等。

破解，是从一段关于孩子心理结构的文字中找到理据的——

> 一个人的心理结构，其内在的结构，从表层到深层都具有相当的稳定性，即使外部条件有了某些改变，例如父母的责备、老师的鼓励等等，人的心理在表层也可能做出一些调节，例如痛下决心、用功读书之类，但是其深层是超稳定的，表层的一般调节不会影响到深层的稳定，因为表层的调节，尽管是真诚的，但不用多久，就会被深层结构的反调节消解。

这说明孩子的内在心理结构非常稳定，老师对孩子的每一次教育活动只是对孩子稳定心理结构表层作了一次调节而已。因为内在结构的稳定性具有很强的反调节能力，一次教育的表层调节随着时间的流逝又会被反调节回来。例如，今天的教育主题是"好好学习"，在"这一次"的教育活动中无论你采取了多少种方式、使用了多少个示例来呈示学习的重要性、好好学习的必要性，孩子们也可能在"这一次"的教育活动中被深深触动。但是，他稳定的内在心理结构的反调节能力，会使这份触动过不了多久就消失殆尽。而传销组织的教育是一个主题一天三次来教育，连续一个月左右，根本不给"反调节"的机会。所以，它给人"洗脑"了，而且很成功。（这里要说明的是，"洗脑"不是一个贬义词，而是一个中性词，教育工作在某种程度上也是在洗脑，只是方向是正向的，而反向的洗脑则可能是邪恶。）

为什么我们的教育会给孩子稳定的内在心理以反调节的机会呢？这就涉及教育目标问题了。曾"百度"过"学校教育要培养怎样的学生"，结果一下子冒出了51条记述，从遵守纪律、诚实守信到忠厚孝顺等等。如果每一个目标需要一次教育活动的话，一轮下来就需要接近一年的时间。

而教育的现实是，如果第一次教育活动的主题是"遵守纪律"，我们下一次（一般是一周后）的教育主题就可能是"关心别人"。根据上述的原理，在对孩子进行"关心别人"教育的时候，恐怕"遵守纪律"的教育效果已经消失了。当进行第51个主题的教育活动时，前50条的教育效果大约也就消失了吧。传销组织的一天三次开展同一主题的"培训"活动之所以取得效果，不就是在于他们把一个主题做透做彻底吗？我们的主题教育是有"夹生饭"之失的，"消化不良"也就是自然的事情了。

问题的关节点就来了：我们的教育真的需要这么多目标吗？一个主题教育周期应该是多久？一个人的成长需要的最核心的是什么？

动力是我第一个找到的目标，因为传销成员那种近乎疯狂的"斗志"让我看到了人的无限潜能。只要激发了人的内在驱动力，谁都可以无限精彩。只是，传销成员的"动力"用错了地方。怎样才能确保不用错地方呢？根据中学生的成长现实和自身的成长经历，我发现了只有懂得"给别人幸福"的人，才会走在正确的路上。于是，我将51条教育目标压缩成了两条——

1. 让别人因我而幸福：打造和谐、温馨、奉献的班级环境；
2. 我和他们不一样：激发孩子们的内在驱动力，让每个孩子获得可持续发展的精神力量。

因为我深信，一个懂得"让别人因我而幸福"的人一定可以"遵守纪律、关心别人"一直到"忠厚孝顺"等的。一个具有内在驱动力的人，一定可以最大化地成为他自己。让每个人最大化地成为他自己不就是教育的归旨吗？而确保了教育方向就是懂得"为他人创造幸福"。

只有压缩了教育目标才具备将目标不断深入的可能，才可以持续不断地在同一个方向上对学生施加影响，才可以不给内在心理以反调节的机会。

一个主题教育应该持续多久？行为心理学研究表明，一种行为重复21天后会形成习惯，重复90天后会形成稳定的习惯。这就告诉我们，教育如果要取得效果，就必须围绕一个主题，连续21天；如果要达成最终的教育目标，就必须连续90天。

现实中的教育工作是一周一主题，"打一枪换个地方"，教育的无效也就是自然而然的事情了。

在高一（5）班。上半年我的培养目标就一个——让别人因我而幸福。而"我和他们不一样"则是下半年的目标。

为了有效落实"让别人因我而幸福"，我改变了以往活动丰富而内容杂乱的做法，改变了为了照顾"面"，而不能把"点"深入的做法。我开始构建活动的课程化，因为此时的我深深地明白只有课程化的教育活动才是有效的教育方式。所谓活动课程化，就是将活动做成系列，做成牵一发而动全身的综合素养培养体系。我重点做了两个活动——感动评选和班级生日会。每两周一次感动小组人物评选，每月一次感动班级人物评选，每月一次班级生日会。也就是说，每个月会有六次集体的活动，而这些活动中传递的都是温暖和幸福。让所有的活动都围绕"幸福"来做，并且做成系列，这样才能不断在班级发现典型、传递温暖。为贯穿起活动之间的间隔，我会每天利用课前或者其他时间讲述发生在我们班级的点滴温暖和幸福，让片言只语的讲述成为连接每次大型活动的线索，继而对孩子的心理进行持续不断地调节，从而达到改变人让教育变得有效的目的。

短短一年，这个班已经成了"温暖、向上且成绩优秀"的班级。再次，我证明了"传销"中有教育的密码，"教育，不是面的铺开"，而是"点"的深入。

课改之殇，让我试图证明"突围，起点不在课改"

当下课改轰轰烈烈，流派也是异彩纷呈。可是，课改并未给教育带来春天，教育依然在夏天的骄阳下被炙烤。

马云说："世界上最遥远的距离是从头到脚的距离。"很多道理几乎每个人都懂，可是，实际工作中又往往出现各式各样的问题。正如课改，"如何改"或许不再是一个值得探讨的问题，而"改得如何"恐怕每个人都心知肚明。

之所以说"如何改"或许不再是一个值得探讨的问题，是基于美国人埃利斯和福茨说的"合作学习如果不是当代最大的教育改革的话，那么它至少也是其中之一"。基于佐藤学的"学习共同体"的努力打造，基于维果茨基的"最近发展区"理论，更是基于15年前的那次课改有识之士在大力提倡的小组合作学习，也是基于当下中国，走在时代前列的几所学校所采取的几乎都是小组合作。

在很多课改前辈们辛苦探索之后，我们发现，教育依然举步维艰。于是，我在自己的意念中认定"教育突围，起点不在课改"。

在认真考察了诸多合作学习的课堂之后，我发现——

小组组合具有随意性，很少有人考虑如何搭配小组机从而更有利于合作；

小组存在具有临场性，这节课是这几个人一组，下节课是另外几个人一组；课堂上搭建小组，下课就解散小组。自然不用考虑由校内延伸到校外的问题；

小组展示缺乏真实性，表现的往往是优秀个体，多数学生搭顺风车，没有真正体现合作学习的本质——让每个人因为合作而获得最大程度的成长；

小组内部缺乏同心同行同乐的文化纽带，合作是为了课堂表现，不是为了共同的"信仰"，更不是为了真正的可持续成长；

小组合作内容缺乏真正的自主权，它是被老师规定了程式和内容的。小组合作成了展示的需要，而不是以提升学生学习能力为核心。

……

而这些问题的解决就不是简单地在课堂层面做功夫的事情了，它需要改变现行的班级生态结构，让小组合作生态成为班级结构的常态，让小组合作成为班级孩子日常的生活状态。只有这样才能使合作拥有宽度、深度和延展度，从而提高课堂的效能。

这是我遇见的又一个新命题。

为了证明自己的判断，我又一次开始了阅读和实践。我阅读佐藤学的所有作品，顺藤摸瓜，我又研读杜威和维果茨基，接下来读高艳、刘玉静、李炳婷等人的作品，更去实地考察杜郎口和铜都实验学校等等。

我开始在自己班上做试验。我打破了传统的班级结构，废除了班委和班规，让整个班级以小组为单位平面铺开。在分组之前，我根据行为心理学的相关原理，在班上大力营造"让别人因我而幸福"和"成为彼此生命中的贵人"的班级文化，通过"感动评选"和"生日会"两大课程给孩子们种植班级文化的种子。在孩子们思想上逐渐有了别人有了奉献意识之后，我开始以学科互补为原则进行分组，改变了分组的无前提和任意性，同时也让合作分享成为了可能。诚然，我明白，可能永远是可能，只有真正转化为学生的习惯才能让合作落地生根。分组之后我通过构建组名、组徽、组旗、组诗、组训、组口号、组誓约等等项目的小组文化，凝聚小组，形成小组文化，使小组拥有共同信仰，然后通过"组织形态与组织基础，组织线索与组织目标，组织原则与评价结构，组织责任与集体环境"等等构成小组运作的基本要素，确保了小组活动的高效。最后通过鼓励竞争将小组活动从课堂延伸到课下，从课下延伸到课外，进而从学生合作延伸到了家长合作，将合作转变成了孩子们的正常生活状态。而课堂上的教师也开始"由知识的占有者转变为过程的裁判员，不再注重教授知识，而是注重对学生的调动，对学习方法的推介"。

一系列工作的开展，让我的班级呈现出一派生机勃勃。正如第五小组在"小组漂流史记"中所写——

> 周末两天我们早上 7:30 都要到讨论组里说一句"早安"以表示我们早起。于是现在起床，充满了动力与新鲜感，完全不想赖床。本来我以为我是第一个，结果有几个人不到 7:00 就说了"早安"。今天（周六）我们小组一起学习，心里满满的，有一种说不出的幸福滋味。周五晚上我们

就都完成了大部分作业，周六时我们都收到了母亲想一起去看电影的邀请，但都被我们拽拽地拒绝了，因为我们要预习。今天，我们到凤凰书城学习，刷完了一个单元的《小题狂做》，交流了预习中的困难问题。在书城学习真不错，一股书香气，周围的人都在孜孜不倦地读书，学累了还可以看会书。总的来说，和大家一起学习很舒心，效率也高很多。

可以看出，通过小组合作，他们每个人都相互提醒，抱团取暖；他们学会了周预习，获得了合作的快乐（比看电影都幸福）；他们将课堂上的小组合作延伸到了校外生活……一直觉得，教育更重要的不是老师怎么教和教什么的问题，而是如何调动学生学的问题，让学生获得自我发展的能力才是教育的归旨。自然，因为孩子们的合作广泛了、深入了，教师在课堂上呈示的教学内容就更简约更有针对性也更有效度了。

我之所以能够让班上的小组合作运作良好，并将之延伸到更广阔的领域，是因为我是个班主任，我可以做到这些事情。而如果仅仅是一个科任教师呢？他就很难做到让学生的课堂合作和孩子们的生活状态紧密结合。所以，脱离了班级生态变革，课改就很难深入。

可是，当下的教育研究，要么只研究课改，要么只研究班改。如果没有班改提供的班级生态，课改能够深入吗？如果没有课改这个归宿，班改最终又是为了什么呢？毕竟所有的教育改革都要指向学生的发展啊。所以我以为，"教育突围，起点不在课改"，而在于"班改"，突围路径在于"打通班改和课改之间的壁垒，让班改提供生态，让课改指向归宿"。

这是一个尚未得到完全证明的命题，我正缓慢而坚定地走在路上。

08 打破自己身上的壳

——梅洪建专访

采访者：林茶居

采访时间：2015年9月22日

有一次聊天，你说你只想"做一个做证明题的人"。这让我有些惊讶。所谓"做证明题"，你的解读是：不盲从任何人，从自己的判断出发来思考、实践。我也确实看到，很多人的人生都陷于"选择题"的漩涡之中。"做一个做证明题的人"，这话是不是隐含了你对当下社会形态、教育形态的某种批判？

梅洪建：我很少去批判别人，"做证明题"自然也不是对别人的批判，因为我所坚持的东西也不见得正确。经历多了，见识也就多了些，只是，在我有限的视野里，能够真正完成教育突破，或者说能够推动教育走出当下困境的理念并没有出现，每个人都以客观教育现象的个体投射来构建自己的教育认知。可能谁都不代表正确，自然谁也没有理由站在自己的立场上批判别人，站在自己的圆圈里指点外面的江山我认为是不自知的表现。我选择"做证明题"只是尊重了我的教育体验、我的思考和我的教育认识。喜欢李开复的那句"遵循内心的选择",我就做了遵循自己教育认知的人。如果认知就等于正确,那么"真理"就会变得一文不值,但我愿意用自己的追寻、思考和实践来证明自己对教育的理解是否正确,然后再通过实践检验自己的判断是否可行。上帝还是挺眷顾我的,这些年我做过很多"证明题",当然也经历过不少失败,有很多是证明可行的,在实践中也取得了良好的效果。

这些年你辗转几个地方任教,能说说其中的缘由,以及这种跨地域做教师的特别感受吗?

梅洪建: 说实话,辗转这么多地方有被动也有主动。被动时往往是单位运作出了问题,也有是因为编制无法解决。后来的两个单位,主动因素就占据了相当大的成分,因为在不断做证明题的过程中,自己的教育理想也开始萌芽,就想学习更多的东西,寻找更高的平台。例如2007年我追寻夏青峰(现任北京中学校长)校长,就让我的教育观念产生了极大的变化。后来追随万玮老师,到了上海平和双语学校,更是让我的教育理念有了质的突破。现在回头想想,人还是要有些理想的。至于说跨地域做教师的特别感受,说起来可能很多人不信,我最大的感受就是中国的教育区别并不大,所谓的教育发达地区也不见得比欠发达地区的理念先进,差别的往往是经济因素,是教育硬件。例如小组合作学习,东部有,西部也有,正如美国人埃利斯和福茨说的,"合作学习如果不是当代最大的教育改革的话,那么它至少也是其中之一",发达地区并没有比西部地区高明多少。这也是我选择"做证明题"而不是"做选择题"的原因之一。

2001年，你是在什么样的情况下被"忽悠"成了传销队伍中的一个？后来为什么选择回来做教师？

梅洪建：可能很多年轻人和我一样，一开始并不甘心做个教师，我就是在不愿意做教师的情况下被同学"忽悠"搞传销的。年轻人总是认为外面的世界很精彩，而不知道脚下的路才可能是最适合自己的。后来我选择回来做教师就是因为我做不了别的工作。可能你都不信，我结束了做传销之后，还尝试过做别的事情，虽然人在学校，但心不在教学。经过了很多次碰壁之后，我才真真切切地发现，我其实做不了别的，只能当教师，毕竟这是自己大学所学习的专业，具有一定的专业知识，而对于其他行业，我简直一窍不通，所以屡屡碰壁。当我选择做回教师的那一刻，就决心好好地做，因为它是我唯一可能做好的事情。这里我也特别想告诉年轻的教师朋友们，人这一辈子能做好的事情，可能就一件，既然选择了教师这个职业，就好好地去做，浮躁不会带来成功，坚定地走下去就会发现它的美好，才可能成就自己。何况，外面的行业，你还真的难以做好，就如当初的我。

一定意义上说，你的自我变革史也是一个阅读史。我也发现，你的阅读中励志类图书和人际交往方面的图书不在少数。我想这些图书应该在你的心智成长方面起到了一些作用。是这样吗？

梅洪建：其实我是一个性格特别内向的人，不爱说话，也不会说话，在人际交往方面是一个纯粹的菜鸟。但我又是个骨子里特别要强的人，我知道自己的性格无法适应社会，所以开始阅读人际交往方面的图书。我阅读的主要目的就是打破自己的壳，给自己一条出路。如果今天我对别人说我是个内向的人，别人肯定不会信，但我确实就是。也正是在这种自我挑战中，今天我敢于面对陌生人讲话。至于读励志类的书，其实并不是为了自己要成为什么人物，而是出于教育的需要。我觉得，人的成长需要两种东西，一是成长的舞台，一是成长的动力。所以我认为教师是为学生搭建舞台和提供成长动力的人。教师搭建的舞台越广阔、越科学就越有利于孩子们展示个性。而动力的给与越持续、越科学就越有利于激发孩子们的内驱力。有人说过，"所有励志类的书都是给傻子看的"，所以励志类的书并不一定能给你带来成功，但是阅读励志类图书可以让你探索出励志的节奏、逻辑和频度。如果你破解了这些，它真的可以为你的教育工作锦上添花。

"教师应该是个读书人。"我相信你也会认同这个意思。那么，对于教师阅读，你有什么好的建议？

梅洪建：我特别想说的是教师的专业阅读。我觉得专业阅读有三重境界。第一重境界是"心中有我"。邱学华教授曾对我说："小梅啊，盲从别人的人只能做别人的跟屁虫，永远成就不了自己，而真正成就自己的人，都会有自己独立的判断。"或许邱教授的话就是教师专业阅读的起点。阅读之前要有自我的初步判断，让阅读成为印证判断的手段。阅读任一一本书，都是为"我"服务，而不是"我"去理解别人的观点。第二重境界是"心中有'线'"。"线"是线索，是解决如何阅读的问题。盲目阅读放在篮子里就是菜，有"线"的阅读是在"心中有我"的基础上，沿着探索的路选择相关书籍来读，目的是丰富自己的判断，拓宽与之相关的视域。第三重境界是"心中无我"。

教师不能自以为正确就否定别人的存在。不见洋的浩瀚，不知道溪流的渺小，不入溪流的淙淙，不知道水滴即是微尘。一个人的阅读，无论达到了怎样的境界，都不要认为自己已经很行了，要懂得包容别人的观点，至少要学会尊重别人的存在。教师的专业阅读，是业的修养，也是人的修炼。

除了阅读，你也很注重实地考察。我知道你还去了杜郎口中学这所备受争议的学校。你为什么选择这所学校作为自己的考察点？你从中发现了什么？感悟到了什么？

梅洪建： 我认为教育最可怕的就是一个声音说话，尤其是当下，有争议是好事。我去过的不仅仅有杜郎口中学，还有昌乐一中、铜都实验学校等等。我选择这些学校作为考察点的主要原因就是它们有争议，因为争议点就可能是新的增长点。在对这些学校进行考察的过程中，我最大的发现是找到了合作学习的魅力，也坚信了合作学习应该是未来教育发展的趋势。但是，我在考察过程中也发现，那里的合作具有局限性，最大的局限性在于合作本身的即时性。也就是说合作学习局限于课堂上，或者局限于"这一科"，这样就导致了合作不够深入，更不能通过合作进行德育。这也就是目前采取合作学习的学校逐步面临瓶颈的原因之一。所以我就思考如何打破这种瓶颈。目前的结论是，用班级的生态变革为合作学习提供场域基础，变合作的即时性为学生的正常生活状态，让合作贯穿学生生活的点点滴滴。所以我不自量力地为课程下了一个新定义：以学生的发展为核心，构建人和人的关系以及人和知识的关系。人和人的关系涉及班级生态变革，人和知识的关系关涉课改。我认为打通二者关系才是当下教育突围的有效路径。只是，在当下的教育环境中，这二者是割裂的。

这些年，各种教师 QQ 群方兴未艾。你所发起的"班主任尖峰论坛"，影响日显。你是出于什么考虑做这个事情的？平常如何维护？又是怎么组织网络教研、网络培训的？

梅洪建：创建尖峰论坛是 2011 年的事情，转眼 5 年了。当时考虑的就是汇聚国内最优秀的班主任专家，共同探索德育的突围路径，只是现在逐渐大众化，成了班主任工作爱好者的交流碰撞舞台。平时的维护主要是几个知名班主任引领，管理员具体组织各项工作，也就是组织网络教研和培训。尖峰的网络教研主要有三大块：阅读、讲座和写作，最大的特色是写作。论坛几百号班主任，共同完成一个命题作业，汇聚成册后再发给每一位成员，而且这些作业的主题不是随意的，而是系统的。每一期作业的集子其实就是对一个重要话题的突破，因为几百篇文章，便是几百种观点，总能让读者找到自己想要的点。如果坚持每期作文都写，就会在不知不觉中完成自己的理论构建。诚然，我们还举行实体年会，通过现场讲座和头脑风暴等形式，让每位成员都有自己的收获。例如 2014 年渭南第四届年会，就提出了"班主任工作课程化"的一系列概念，让很多人开始重构自己的带班理念。

你每天花在网络上的时间多吗？你是如何处理工作、生活和网络活动之间的关系的？

梅洪建：花在网络上的时间不算很多，大概每天会有两小时。我觉得网络是活水，是新鲜血液，让理念鲜活是离不开网络的。所以，我会把工作中的很多困惑放在网络上讨论，也会把网络上的所得运用到工作中去，二者结合是我的工作状态吧。网络很重要，工作也重要，但生活应该更重要。我和爱人都是教师，但我们不会把工作带到生活中去，也就是说在家里不谈工作，更不会为了网络而影响生活。当然，我也会在爱人和孩子都休息之后，上网来交流碰撞。

09 如何成为有影响力的班主任

——《教育时报》专访

影响力是一种悄然发生的力量。对于学生来说，一位优秀班主任的人品、学识每天都在悄然无声地影响着他们。很多学生长大成人后会提到班主任的一些言行让他们感动，事实上班主任本人并不一定知道。在您看来，什么样的班主任才是有影响力的班主任？或者列一个思维导图的话，影响力班主任的特征有哪些？

梅洪建： 关于名师，我曾经说过：名师之名不在名声，而在于对成长的促进，对生命的成全。同样，一个有影响力的班主任也应该是最优化促进学生成长的人，对学生生命成全最"因材"的人，是对身边人成长起推动作用并能因个体不同进行不同引导的人。一般来说，有影响力的班主任具备以下几个比较明显的特征——

1. 清晰的自我认知。老子说："上德不德，是以有德，下德不失德，是以无德。"一个有影响力的班主任不会自以为是，不会以"我"为中心主导工作全局，而是放低自己，最大化地去成全别人。别人被成全的最大化才是自己影响力不断扩展的源泉。

2. 系统的带班路径。真正带出效果、形成影响力的班主任带班时一定不是零敲碎打，而是具有明晰的带班系统。系统里包括学生、家长、科任教师、社会资源等多维的勾连，也包括班级内部成全孩子成长舞台的丰富性，成长动力给予的持续性等立体成全平台的搭建。

3. 全盘的教育统筹。课程，在我看来就是以学生的发展为核心构建起来的人与人的关系以及人与知识的关系。人与人的关系是班级的构建，而人与知识的关系则是课程的构建。教育应该是班级构建和课程构建的统一体。失却了班级构建的课程构建是隔靴搔痒，而失却了课程构建的班级构建是无本之木。有影响力的班主任，他应该是统筹二者的。

首届河南最具影响力班主任评选的 25 位候选人，几乎每一位都把自己修炼成了一个热源，家人、学生、同事、同行，无不受到影响。他们在提升着自己的幸福指数的同时，也在为别人带去温暖和希望。这样的班主任是教育的正能量，是孩子们成长的心灵陪伴者。那么，一位年轻的班主任，怎样才能成为这样有影响力的班主任？

梅洪建：年轻班主任如果想尽早地成为有影响力的班主任，首先要会阅读。阅读是提升自己业务能力最简捷的路径，但并非勤奋阅读就可以成就自己。首先要会读。会读首要会选书，然后是会追书。书如烟海，竭尽一生也读不完，读什么书是关键。选何书首先是基于自己的判断，然后选书、阅读、印证，如果印证正确就沿着这条线读下去。让阅读的线成为成就自我的轨迹。其次会"做证明题"。年轻人思维灵活、视域开阔，对现象具有很敏锐的感受力。中国教育走到今天是有很多瓶颈需要去突破，甚至有很多空白需要去填充的。如果年轻班主任能够从自己敏锐感受到的东西出发，形成自己的认知，然后通过阅读与实践来做属于自己的这个"证明题",你是可以早早地走出一片天地的。因为"有梦想的人只做证明题,不做选择题"。再次要学会搭台。年轻班主任新官上任,总是习惯烧三把火,试图在烧火中树立权威。其实教育不是证明自己多么优秀,而是你能让你的学生多么优秀。利用年龄的优势,为学生的成长搭建尽可能广阔的成长舞台,成全学生的成长才是正确的选择。如果高高在上地去管理,是不可能做好班主任工作的。

著名班主任研究专家丁如许老师在接受本报记者采访时谈到了最具智慧力班主任要具备坚守力。的确,在一些地方很多班主任的薪资待遇和自己所付出的劳动达不成正比。那么,在您看来,作为一位有影响力的班主任,能够让自己坚持和坚守的动力是什么?有没有什么抓手可以凭借,可以让班主任不会在修炼的道路上半途而废?

梅洪建:在《教师月刊》写过一篇题为《一个做证明题的人》的文章,谈的就是我的坚持之路。我以为"证明自己"就是一位班主任坚持和坚守的动力所在。这里的"证明自己"不是要争口气给别人看的意思,而是证明自己的思考和判断正确与否。例如你细心就会发现十多年前的课改讲小组合作,十多年后的今天依然在讲小组合作,国内在讲,国外也在讲。可见十多年来,我们的教育生态并没有发生多大变化,这是为什么?问题出在了哪里?你可以做出自己的判断,然后去探索、证明自己的判断。倘若证明你是对的,那么你就走在了教育的前列,至少你解决了教育的一大困境。小而言之,你可以证明自己解决孩子问题的方法是否正确。证明题做多了,自己的能力就提升了。而班主任修炼的道路不就是不断做证明题的过程吗？如果持续不断地去发现新的命题，然后不断证明着自己的判断，修炼的道路又怎么会半途而废呢？自然，不断设置的命题就是修炼自己的最好抓手。

在教育现实中，我们也会看到一些班主任虽然获得了不少的荣誉，但是学生并不买账。他们在收获着荣誉，却没有收获自己。学生在他们的"影响"下，也许收获了成绩，但并没有收获饱满的生命。这样的荣誉对于这些班主任来说，仅是一纸证书而已。对于这样的班主任，您想对他们说些什么？

梅洪建：这是比较普遍的现象，不是个例，因为这些班主任并没有意识到教育是为了成全学生的成长，为了最大化地让学生成为他自己。于是他只懂得去管理，让学生乖乖地听话，乖乖地顺从老师的指导。在教育效果滞后的客观现实和考核评价标准存在严重缺陷的背景下，他们的评价得分往往较高。其实真正优秀的班主任总是根据孩子的发展需要为孩子创设尽可能广阔的舞台，让孩子们在这些舞台上锻炼能力、舒展灵魂。然后懂得为孩子的发展提供不竭的东西，让孩子们在不断的获得中感受成长的力量。例如我班上的宣传部，就下辖科技部、记者部、联通部、班刊编辑部等等，可以培养孩子们的信息技术能力、沟通表达能力、写作能力、设计能力等等。在做这些事情时，孩子们可以尽情展现自己的才华，又因灵魂得以舒展而爱上班级，爱上学习，从而让分数这个副产品也能优秀。只有心中有孩子，为孩子的成长搭设舞台、提供动力的班主任才达到师生双成就，二者都优秀，但愿你是这样的班主任。

10 | 万一梦想实现了呢

——梅洪建谈独立思想的建立

时间：2014年11月24日晚19:00
地点：天下书香论坛
主讲：梅洪建

交流的主题不重要，重要的是我想和各位好朋友真心交流一下自己的思考，无关技术无关做法。因为那些东西博客里有，各位可以去"串门"。这点东西关乎成长，关乎对教育的认知，关乎对教育本体的一点思考。

先和各位交流第一个话题：独特的教育思想从哪里来？

这是上周吴碧老师到苏州时，我们和一个小学的校长交流时谈到的问题。在班主任界相对而言我是个怪人，因为自己的言语和思考得罪过很多人。曾经有人以《教育的叛徒》为题写过关于我的文字。但我依然坚持自己的路。

我始终觉得，当下的教育出了很大的问题。但关键不在于体制，而在于思想本身。那么，相对独立的思想从哪里来呢？我的回答是从自身来。用贴近自身的思考获得。

很多人说天才出于勤奋，很多专家强调专业化成长的第一条就是多读书。真的如此吗？各位兄弟姐妹可以去思考一下：读了很多书你成长了多少？或者说读了很多书之后你有自己独立的思考了吗？还是仅仅学得了别人的一招半式？在刚刚，大约20分钟前，我和《人民教育》的朱哲老师通了很长时间的电话，交流的共识就是：做事情还是在做教育。

如果您阅读别人的书仅仅是获得了做事情的方法，我可以说您不是一个合格的教育者，因为做事情和做教育是两个不同的概念。举个例子——感动班级人物评选，很多人都在做，我也在做。我总是自恋地说：我做的是教育，而很多人做的是事情。别人看来评选人物是目的，而我看来它仅仅是个手段，是个培养孩子们综合能力的一个抓手；在别人看来评选了就结束了，而我会把它做成课程。一次的评选叫事件，而课程化的评选是教育。这个不展开，我相信各位会理解。

但为什么你的做法是独立的，你的阅读没有成为别人事件或者思想的跑马场？因为你在用贴近自身的方式做着思考。

什么是贴近自身呢？还是如阅读，读了很多书你没有自己的判断，读了很多之后你还是读一本书被一本书牵引，那么你就是没有自我的阅读，就是没有结合自身去进行批评式的阅读，而是在做接受性阅读。那么，我可以说，无论你读多少，你都不会真正获得成长。如果你结合自己的阅读思考这个问题，那么你就会思考，怎样阅读才有效？怎样才能构建属于自己的东西？例如刚才我说的课程化的问题，是怎么得来的呢？读书恐怕很难得到。因为中国的教育界在我的视野里还没有人触及过这个问题的实质。关于课程化，很多人提过，可为什么要课程化，却没有人解答过。这个课程化来源和我的经历有关。35年的人生经历，江南生活10多年，北方生活了不到20年。可是无论如何我都改变不了我的臭脾气，改变不了自己看不惯就爱说的本质。为什么会这样？这是我的思考，也就是我今天的交流主题——向内求真理，然后向外求支点，寻找支撑自己思考的依据。

后来我就发现原来幼儿教育决定人的性格、心理、习惯、气质、思维方式等东西。但是，幼儿教育真的能决定吗？

当我们贴近自己再思考的时候就会发现这样一个现象：每当一个"差生"有不良表现的时候我们总是会说，有什么样的家长就有什么样的孩子。

为什么会这样呢？这不就是印证了幼儿教育的重要性吗？

为了求证自己的思考，我开始了大量的阅读。这个时候的阅读是带着自己的思考的，而不是接受别人的东西。阅读是为我服务的，而不是我去了解别人的。我阅读了大量的儿童教育、家庭教育方面的书，例如孙云晓、孙瑞雪、君子、凌志军、蒙台梭利、卡尔·威特、切斯特菲尔德等人的作品。

在阅读中我印证了自己的思考，印证了儿童内在心理结构的稳定形成是在7岁之前，也就是我们常说的"三岁看老，七岁决定一生"。但是，这个时候形成的心理结构有没有办法改变呢？这是我的进一步思考。

阅读的时候，别人的观点是什么不重要，重要的是他的观点里哪些是对我的思考有用的。没有用的我不关心。你了解了他的观点如果不能内化为自己的，是没有用的。正如我们去记忆历史的常识，而不去思考历史的经验教训一样。

再次贴近自身，我们思考：真的有老师把我们改变了吗？

没有！几乎没有！所以老师改变学生没那么容易。但是为什么我们对学生教育时，学生也会产生反应呢？但反应之后往往又屡教不改呢？

再追问下来就发现：原来我们的教育本身出了问题。

为什么保险、传销就能改变人，而我们的教育却不能？因为我们的方法错了，也就是说我们这些教育者的教育方法错了，或者说在做教育这方面我们不如传销分子。要思考的就是：为什么他们能改变人？因为他们在持续不断地改变着人的表层心理，持续不断地改变着表层心理才会影响到深层的心理结构，最终改变人。

那么这个过程要多久？这是继续思考的问题。

如此一直思考下去，自己独立完整的理论体系就建立起来了。建立起自己的理论体系然后再去做教育就得心应手了。教育也就不会无效了。当然，这也就破解了我们的教育无效之谜。

可能很多朋友会反问：我们的教育真的无效吗？对于知识是有效的，而对于思想道德是基本无效的。

例如我们要求的爱国爱环境爱他人，您的学生做到了吗？甚至好好学习，多少人能做到呢？在座的老师能做到吗？我特别想做一回坏学生——当我的老师一本正经地告诉我"你要好好学习"的时候，我反问他一句：老师，您现在还好好学习吗？

对于很多老师来说，这是莫大的讽刺。老师不学习就是对教育无效最确切的明证。

这个问题应该结束了，独立的思想就这么来的。简单总结就是贴近自身思考，向外寻找依据，再进一步思考，再去找依据，再思考再寻找。如此而已。

诚然，这个时候我特别想和各位交流第二个问题，因为很多老师肯定认为我在胡扯了。第二问题就是：谁都不是真理的占有者。

有人问我：你最崇拜的教育家是谁？我说：我谁都不崇拜。很多人会说我狂妄。和我接触过的人都知道，我没有任何狂态。不崇拜人不意味着自己狂妄，而是自己有自己的认知。因为一天我和女儿在走路，看到路旁的栀子花，我说："女儿你快看，白色的栀子花！"她来了句："狗眼里还可能是黑的呢，谁说它就是白的啊。"后来我去思考：丫头怎么会这么说呢？于是我去查资料，发现了这样一个问题：猴子看不见红色，蜜蜂看不见红色，类人猿、狗只能看到黑白灰三种颜色……颜色的产生是光波、物体和眼球三者相互作用的结果。也就说，光波不同物体不同眼球结构不同，看到的颜色就不同。

那么，谁看到的是物体的本质颜色呢？栀子花的本色是什么呢？或许谁都没有答案。教育也一样，不同的教育现象折射在不同人的心灵上产生的作用也不一样，所以谁是真理？谁都不是！

自己的答案，属于自己独立的思考。如果在自己的心灵上不加思考地移植过来别人的心灵折射，不是很悲哀的事情吗？

是的，就是悲哀。所以，我觉得谁把自己当作真理的占有者当作专家谁就是悲哀的；谁不去珍惜自己向内求真理而盲目接受别人的心灵折射，谁就在悲哀着自己。

我今天的交流就是送给好朋友基于自我的两个观点：1. 珍惜自己的经历和思考，追问思考形成自己独立的见解。2. 不要崇拜，珍惜自己。不妄自菲薄也不妄自称大，不卑躬屈膝也不凌然于天。

最后，再送给好朋友的一句话就是：听从所有人的意见你什么都做不成，人是需要一点坚持，需要一点理想的。有一个朋友说：人需要点梦想，然后坚持梦想，因为万一梦想实现了呢？我喜欢这个"万一"。

附 录

鸟儿飞去了，没有留下痕迹，却留下了长鸣
言语划过了，声音不会永恒，却留下了故事
故事消失了，快乐不会永恒，却留下了真梦
梦想来临了，不一定会实现，总胜却没有梦
于是，我记录下生活中的故事，试图打捞起教育的真谛！

——写在前面

故事1

"怎么又给宝宝买水枪了？"我质问道。

"怎么就不能买了呢？"丝毫不让，妻反唇相讥。

"上次买的不是让爸爸给扔了吗？水枪是男孩子玩的东西，女孩子怎么能玩呢？"搬出来岳父大人。

"谁限制了女孩子不能玩水枪？她是个孩子，只要她有兴趣，能够给她带来快乐，要什么我就给她什么。"

"女孩子要培养她的温柔贤惠，怎么能让她玩暴力的东西呢？"

"谁说水枪是暴力的东西呢，我是让宝宝用水枪浇花的。"说着转头走向女儿，"走，宝宝，下午跟妈妈去校园里浇花去"。

临走还丢下一句："给孩子一个完整的童年，远比给她成长的方向重要得多。"

给孩子一个完整而幸福的童年，过一段可以怀恋的岁月，那是多么美好的事情啊。胸怀一份善意，还原生命的完整，这段路我们一起走。

故事2

曾经教过的某班的某个学生今天早上对我说："老师，现在教我们的那个老头真的很可恶！"

"嗯？"我挑了一下眉毛，做询问状。

"一个老头子，整天把自己装得很年轻的样子，好像可以借此与我们拉近距离似的，他不知道这样做恰恰让我们反感。"学生气呼呼地说。

"呵呵，你小子还挺那个哟！"习惯了，我总是在孩子们面前正经不起来。

"哪个？"学生迷惑了。

"就那个，你自己悟去吧。"摆摆手，我转身走了，"悟透了来找我。"留下那个他在风中傻傻地凌乱着……

余秋雨先生在《废墟》中说：假饰天真是一种悲哀。而假饰成熟抑或假饰稚嫩何尝不也是一种悲哀？交给学生一个真实的或有个性的自我比假饰成熟而装出来的天真更好，更容易培养出有个性和灵魂的学生。

故事3

西方的圣诞节，临近下课，与班上的孩子们轻松一下，于是大声喊:"母鸡下蛋了……"

还没有等我说完,有一个学生插嘴了:"圣诞(生蛋)快乐!"

另一个:"个个大。"并模仿老母鸡骄傲的神情。

顺势就续问:"还有别的吗?"

"奖金啊,奖金啊!"

"我回家,我回家!"

"放假了,放假了!"

……

一向沉闷的课堂,一下子炸开了锅。

接触到了兴趣点的课堂,思维能不迸溅吗?设计课堂,更多的应该是了解学生吧。很多时候我们把课堂沉闷的原因归到了学生头上,我们何尝思考过自己?

故事4

"考试你懂吗?"某友认真地问我。

莫名其妙,不敢回答。

"批试卷你懂吗?"他还是认真地问我。

敌情不明,不敢回答。

"给学生打分你懂吗?"他依然认真地问我。

葫芦里是什么药?无法明确,只好投降:"这个真不敢懂。"

"你不是不敢懂,是真不懂吧。"小样,他有些得意洋洋!

"知道我的学生为什么每次都有进步吗?因为每一次我都看着前一次的分数来打分,让他们多少都有些进步。这样,他们觉得可以提高语文成绩,这样他们就喜欢语文了,这样他们的成绩自然也就提高了。"

三个"这样",一样的自豪。

我无话可说。因为他班的成绩的确蒸蒸日上。

于是我尝试了，结果也出了成绩。

　　还真不知道，是不是这样的欺骗也是教育的一种方式？

故事 5

难得的一个休息时间，加之天朗气清；惠风和畅。

与妻、友一起沿着望湖大道走向了太湖边。

日常海鸥群集飘飞的地方，突然间冒出了许许多多的燕子。

抑制不住内心的激动，"小燕子，你看好多的燕子啊！"

"因为我是燕子公主，它们来迎接我了。"她的音调里散发出得意的神采。

临走，"你们好好玩哟，但不要回家太晚了，妈妈会担心你们的。"挥挥手，作别了西天的云彩和掠水飞翔的燕子们。

"30多岁的老女人了，你还装什么青菜啊！"忍不住打趣一下。

朋友说："老师是不需要长大的，长大的老师就不是好老师了。"

　　一直不明白为什么从别班被赶出来的学生，到了她班上却成了乖乖孩，在她的公开课上大放异彩。教育，是需要点长不大的。

故事 6

那年，在沂蒙老区教书。

周五下午放学，还没有结婚的我在门口保安室和一幼儿园女教师聊天。

突然，一个幼儿园小朋友指着我一本正经地问那位女老师："老师，那是你弟弟吗？"

愣了一下，那女教师半开玩笑地说了句："是啊！"

"哦，"小朋友长舒了一口气似地说，"那，我就放心了！"

我似乎也不像坏人啊，虽不一表人才，至少也文质彬彬吧。呵呵，还真不知道这孩子有什么不放心的！

  如果再用"三颗糖"的故事来对待当下的孩子，哪怕是幼儿园的小朋友，恐怕都不会那么顺利吧。时移则事移，固守经验，你将永远读不懂孩子。

故事7

语文课上，一张姓男生不注意听讲，还东张西望，东捣西乱的。一气之下，我也"泼男"了一把，狠狠地批评了他一顿。

回到办公室大喘粗气，余气未消。

下午，冤家路窄，走廊里又碰到该生，气得牙根痒痒啊，扭头不理。

忽然，"老师好！"他熟悉而又陌生的声音抵达我的耳鼓，一股热浪，从脖颈蔓延到了脸颊。

  其实，每一个人的某种行为的背后，或许都有着自己深刻的原因。有时学生显得比老师更宽容和伟大。"教学相长"，不仅仅体现在知识上，也体现在人的灵魂的塑造上啊。

故事8

去高三听一节语文课，学习《宝玉挨打》。

老师问:"宝钗为什么先说老太太、太太担心,然后才谈到自己的担心呢?"

一学生脱口而出:"因为宝钗十分成熟与世故,她懂得收拢老太太、太太的心。同时她爱宝玉,又不好直接地表达,因此才这样说。"明白、流畅、自然,公开课上的老师高兴异常,于是大拇指一伸——

"你真聪明!"

学生当场回了句:"你以为我傻×啊!"

满座哗然……

赏识教育,从来都没那么简单,任何不假思索、盲目舶来的教育行为都可能演变成教育的愚蠢。面对高三的孩子,如此赏识,妥否?

故事9

网友问我:花为什么会开?

我回贴——

幼儿园的小朋友会说:花想妈妈了,就睁开了眼睛;

小学生会说:春天来了,花儿睡醒了;

初中生会说:花吸足了养分,遇到适合的温度就自然要释放出来;

高中生会说:因为它是花,所以就开花了;

大学生会说:因为花开,所以花开。

CCTV5广告说:成熟不是世故,是品味。

我说:花儿也有翅膀,就是被某些人折断了。

旁边女儿说:爸爸,我知道花儿为什么开了,因为它的翅膀被折断了,它哭了。

徐光明说，没有想象力和思维品质的教育会毁掉全部的未来。

故事 10

学校开数学教研组会议。

在数学备课组长向领导吹嘘自己做了哪些工作的时候。

校长突然问："那你们的数学成绩为什么这么差？有的班级平均分只有三四十分？"

数学组的全体老师，忐忑不安。

"你们到底有没有过集体备课，有没有认真地研究过高考，有没有人认真地把你们讲述给我的东西进行落实。"校长继续着他的恼火。

"那，那英语组也没有认真备过课啊。"数学组长嗫嚅着。似乎时空穿越，他们回到了俩小朋友的故事情境中。

接着可笑的事情发生了——数学组的全体成员忽然来了精神，他们开始揭发英语组的种种"罪行"。（笔者注：数学组和英语组一个办公室。）

这时，校长大吼一声："把英语组所有的老师都给我叫来！"

下面的故事，大家可想而知了。

故事发生在 2006 年 3 月 11 日晚。我不想追究英语组老师是否认真备课了，只感到一种悲哀。恰巧在读柏杨《丑陋的中国人》，原来柏杨所说的丑陋就在我的身边。老师灵魂丑陋甚至缺席的时候，能培育出灵魂健全的学生吗？看来，在某些人呐喊把对如何做人作为教育的首要目标，强化对学生进行德育教育的时候，还是先对某些教师进行德育教育吧。人类灵魂的工程师啊，先建造一下自己的灵魂吧。没有良好的师德，教育很可能一地鸡毛。

故事 11

某天与朋友通电话。

"你在哪里？"

"学校，学校高三补课呢。"

"哦，感觉怎么样啊？"

"还可以，今天上了一节感觉特别好的课。"

"是吗？是不是有人听课啊？"这小子，总是那么直接。

"是的。"我只能老老实实地回答。

"提前让学生准备了吧？"一点余地不留啊！

"呵呵，不好意思，是准备了一点，毕竟这是我来这个学部的第一次公开课，上不好多没有面子啊！"

"我说兄弟，这你就错了，人有人品，课也有课品，一个人的人品就决定了一个人的课品。"

"大哥，有必要上升到这样的高度吗？"

"不是，兄弟。任何事情都来不得虚假，教书也一样，真实是课堂的本质和生命，何况我们也只有不断地把自己的缺点暴露出来，让别人去指出，我们才能够进步啊！"

假饰的课和假饰的人何时从课堂里消失了，何时教育才会纯净吧。不管怎样，从此不做假课，不做假人。

故事 12

中午吃饭。

朋友问:"学校的论坛你去重新注册了吗?"(学校为防止老师发对学校不利的帖子——他们认为的——对论坛注册全面管理,必须申请后才允许注册,于是怨声载道。)

我说:"我不去注册了。"

"为什么?"

我说给你讲个故事吧——

索尔·贝娄小时候捉到一只小画眉,并把它放到了笼子里,开始时那只小鸟不安地拍打着翅膀,后来就安静下来了。第二天,他发现有一只成年的画眉在专心地一口口喂小画眉梅子。当时他很高兴,可是次日,小画眉竟然死了。后来鸟类学家解释说,当一只画眉发现它的孩子被关进笼子里之后,就一定要喂小画眉足以致死的毒梅。它坚信:孩子死了,总比活着被剥夺自由快乐好些。

朋友说:"我明白了!"

另外一个朋友插话:"其实当老师没有了个性的时候,怎么能培养出有个性的学生呢?"

> 是啊,没有自由毋宁死亡。鸟尚且如此,人呢?在教师也越来越犬儒的时代里,你还能将自己坚持多久?无论如何,我向每一个坚守人格独立、灵魂自由的人致敬。

故事13

洞山禅师到了普愿禅师那里修行时,在剃度恩师云岩的忌日时总要上供加以纪念。

有学僧问道:"禅师在令师云岩那里得到了什么启示?"

洞山回答:"不曾垂蒙指示。"

学僧疑惑地问:"既然不蒙指示,为何要设斋供奉他?"

洞山平和地回答："且不说先师的道德佛法，我只尊重他不为我说破，单凭这一点就胜过父母。"

感念恩师，就是感谢他的没有说破，才让弟子有了自悟的机会，成就自我的机缘。真正的好课应该是点而不破的课堂，真正的好教师应该是会点却不点评的人吧。

故事14

女教授的邻居家有一个八九岁的女孩，粗野刁蛮，满嘴脏话，撒泼时还满地打滚，很讨人厌。

一天，女教授出人意料地送给小女孩一条漂亮的连衣裙。连衣裙像一件奇妙的魔衣，泛着迷人的光芒，小女孩被吸引了。女教授微笑着对小女孩说：

"喜欢这裙子吗？"小女孩点点头。

"把它送给你好吗？"小女孩又点点头。

"送给你可以，但你必须答应我不能把它弄脏、弄破，好好爱惜它。"

小女孩穿上以后，为了爱护裙子，小女孩竟然变得斯文、干净、可爱起来了。

父母看到孩子的变化，就在一个孩子不在家的时间到女教授家里致谢。最后母亲取出一条更加漂亮的裙子递给女教授："这条裙子本来是我买给孩子的，但我觉得裙子由您送给孩子，再由您提出一些她能做到的要求，效果会更好。"

每一个孩子都有柔软的心底，每一个孩子都愿意履行他信任的人的承诺。给孩子一个支点，再给孩子一个支点，坚持不断下去，就会渐渐变成一种力量。唤醒孩子沉睡的心底需要激情和智慧，因为来自心底的最诚挚的信任和鼓励是孩子成长的最好的营养剂。

故事 15

今天读到两首诗，其一是纳粹集中营里的一位小女孩写的。
小女孩对挥锹的德士兵说——
刽子手叔叔
请你把我埋得浅一点好吗？
要不，
等我妈妈来找我的时候，
就找不到了。
第二首是格非小说里的对话——
你的桥不牢。我说
它是给鸽子走的
鸽子能飞过河去
不用桥鸽子也能飞过去
它是给没有翅膀的鸽子走的
所有的鸽子都有翅膀
没有翅膀的鸽子没有翅膀

孩子的世界永远是充满诗性和神性的，所以夸美纽斯说每个孩子都是无限地趋向于神的。当看到一个仅仅是幼儿园的孩子就怕上学的时候，当看到实用主义充斥着还不算成人的孩子心灵的时候，我的心震颤了：是谁在扼杀孩子的神性和诗性？教育究竟在做什么？那些口口声声的教育专家在做什么。韩寒说,我们听过无数的道理,却仍旧过不好这一生。少一些口号,少一些功利,做真实的教育,就从呵护孩子的天性开始吧。

故事 16

那天值班。

晚自习第二节课预备铃响后,一张姓学生仍在楼道内游荡。

于是我走上前去:"小伙子,你要迟到了。"

"怕什么,早着呢!"小伙子气定神闲。

"不是已经打了上课铃了吗?"我有些不舒服地说。

"谁说的,不是小预备铃吗?"他更加理直气壮。

我无言,只好移步走开了。

由于学生经常上课迟到,学校安排了在正式上课之前两分钟的小预备,没想到这个预备铃的设置根本起不到作用,迟到现象依然发生。因为在他们的脑海当中,这两分钟依然是课间,他们仍然可以玩。倘若如此推测下去,你给他 4 分钟小预备,他依然会迟到。

一味地"姑息"的结果是该发生的依然会发生。没有找到解决问题的良药,治标而不治本,治人而不治心,教育的悲哀莫过于此。唤醒孩子内心沉睡的巨人,比任何提醒抑或规则要重要得多吧。

后记　内向者的言说

如果不是张万祥老师的序题，我是不敢用这个书名的。

因为特立独行不是我的性格，我骨子里有些内向，甚至可以说是懦弱，和我交往久了，就会发现我真的如此。我特别喜欢躲在自己的世界里，享受心灵的独白。无数次在文章中提到，"我只想安静地做个美男"，不是想美，而是想安静。

只是，不知何时起我被冠以"教育的叛徒"抑或是"特立独行的人"。始于何时我不知道，但原因我很是明了。看到了，看出了，或者看不惯，总是管不住自己的嘴巴，非要说出来才可以，否则就会憋着难受。更可气的是，我言说时总是毫无顾忌，又因言语犀利，总让不少人感觉不舒服。

其实，我是怕得罪人的，但我还是忍不住说，可能是山东人耿直的性格使然吧。

好在，宽恕如您，总是给我的言说留下空间。也正是如您一样的宽容，才让我的言说得以继续，也慢慢地让我少了些顾虑，多了些深沉，自然也多了些言说的价值。言说有了些许价值，或许这才是越来越多的朋友能宽容我,并逐渐接受我的原因吧。

前辈曾经说:"看破,不说,是涵养。"

但我还是愿意把看到的想到的说出来。说一点点有些忐忑,怕得罪人;说多了就觉得成了一种责任。因为我看到的教育现象背后有很多值得深思的东西,深思之后就会发现有很多值得重新被评估的东西。

例如看到因为迟到而被老师和蔼地说"你给大家唱首歌吧",我就会想到,如果老师是校长,学生是你我一样的老师,如果因为我们迟到了,校长对我们说"你给大家唱首歌吧",此刻我会是怎样的心理?那么彼刻我们的孩子就应该是怎样的心理吧。此刻的我们是感受到校长的人文情怀,还是感到一种别样的侮辱?

不说,您也会明白!

尼采说:"何为恶?侮辱他人便是恶。何为人性?不让任何人蒙羞便是人性。"此刻的老师是不是让他的学生蒙羞了呢?不置换孩子的心理,是不会感受到孩子的"羞"的,反而会被很多人赞为人文。

教育,有很多类似的事情。如果我们不剥开表层去思索,不知道还有多少伤害出现,那些"伤害"往往被冠以爱和人文。虽然不敢说自己的发现是正确的,但我愿意把自己的思考呈现出来,哪怕说出来的可以供您批评甚至批判。总觉得言说是我的责任,因为不想看到那么多的孩子在爱和人文的名义下忍受折磨,当然,如果被您认同就是我的福分了。

有人说:"做个菩萨,不说只笑,偶尔收妖。"我做不了菩萨,看到很多东西笑不出来,只会傻傻地去说。于是我收不了妖,却往往成了妖,屡屡被收拿。

之所以能够敢于言说,不在于我有多大的勇气,我说过,我很内向，甚至有些自卑，而在于有很多关爱我的人在鼓励。

有德高望重的张万祥老师，虽然我没有资格做他老人家的弟子，却被他老人家一直抬爱。为了给本书写序，老人查阅了能查到的所有关于我的资料，前后用了一个月的时间。前辈如此厚爱，我何以不言说？

有华师大出版社北京分社的李永梅社长，多年来她一直鼓励我坚守自我，做独立的自己；有《教师月刊》林茶居、朱永通等先生的厚爱，他们一直为我的言说搭建舞台；有引领我走向教育研究的陈宇老师，有给我无限空间和鼓励的万玮老师，还有众多的无法一一点出名字的我的好朋友们。这里，只有深深地致谢。

特别感谢大夏书系全体工作人员为本书面世付出的努力，感谢齐凤楠等老师对我和这本书的悉心呵护。

因为你们，内向的我愿意言说。

特立独行的言说，不是我的本性，因为我本内向。

但，言说是我的责任。

梅洪建
2016 年 7 月 28 日